Restaurants in Köln

ALFREDO Innenstadt 8
BASILICUM Innenstadt 11
BENNYSSIMO Innenstadt 14
BOSPORUS Innenstadt 17
DELICE Innenstadt 20
ESSERS GASTHAUS Ehrenfeld 24
FLOGAUS Agnesviertel 27
GLASHAUS IM HYATT Deutz 31
HASE Innenstadt 35
JOSEPH'S Rheinauhafen 38
KINTARO Friesenviertel 42
L'IMPRIMERIE Bayenthal 45
LA LOCANDA Südstadt 48
LA SOCIÉTÉ Kwartier Latäng 51
LANDHAUS KUCKUCK Müngersdorf 54
LE MOISSONNIER Agnesviertel 57
MANDALAY Belgisches Viertel 61
RIPHAHN Innenstadt 64
ROCÍOS Südstadt 68
SAIGON PHỞ Sülz 71
SORGENFREI Belgisches Viertel 74
VELTRI Innnenstadt 78
WACKES Innenstadt 81
WEIN AM RHEIN Innenstadt 84
ZHING-SAM Südstadt 88
ZUR TANT Porz-Langel 91

Restaurants in der Umgebung

BALLEBÄUSCHEN Reichshof 96
BURG FLAMERSHEIM Euskirchen 99
CHRISTIANS Wipperfürth 102
DRÖPPELMINNA Bergisch Gladbach 104
FORSTHAUS TELEGRAPH Troisdorf 107
GUT LÄRCHENHOF Pulheim 110
K. U. K. WEINHÄUSCHEN Bonn-Mehlem 113
SPATZENHOF Wermelskirchen 116
STEINHEUERS Bad Neuenahr-Ahrweiler 119
VELDERHOF Pulheim 122
WEINHAUS GUT SÜLZ Königswinter 125

Als ich noch Restaurantkritiker des Kölner Stadtanzeigers war, habe ich mich jahrelang davor gedrückt, die beiden mir am häufigsten gestellten Fragen zu beantworten.

Welches ist das beste Lokal in Köln und wo gehe ich am liebsten hin?

Auf die zweite Frage bekommen Sie nun eine ganze Reihe von Antworten für Köln und Umgebung: Es sind all die Gasthäuser und Restaurants in diesem Buch, die ich natürlich aktuell wieder mehrfach besucht habe.

So unterschiedlich diese Lokale hinsichtlich der Preise, des Ambientes und Küchenstils auch sind, haben sie bis auf das Glashaus im Hyatt Hotel doch eines gemeinsam: Neben der zuverlässigen, mindestens überdurchschnittlichen Qualität in ihrer gastronomischen Kategorie bürgen anspruchsvolle Gastgeber als Köche und Inhaber dafür, dass Sie insgesamt einen sehr angenehmen Aufenthalt haben werden.

Welches nun das beste davon ist? Immer das, in dem ich gerade war. Das ist ja das Schöne an meinen Lieblingsrestaurants.

Helmut Gote

Restaurants in Köln

Alfredo

Innenstadt
Tunisstr. 3

keine Terrasse • Hauptgerichte ab 29 • Kartenzahlung
Mo–Fr 12–14 und ab 18 Uhr
Telefon 0221-25 77 380 • www.ristorante-alfredo.com

Der beste »Italiener« Kölns

Seit rund 40 Jahren gibt es dieses Restaurant nun schon. Doch wenn ich nach Kölns bestem »Italiener« gefragt werde und seit Jahr und Tag darauf mit »Alfredo« antworte, sehe ich immer noch oft ratlose Gesichter. Alfredo, wie, wo? Die vielen Stammgäste wissen natürlich, wovon die Rede ist, und besuchen das diskrete Lokal direkt an der Oper so gerne mittags wie abends, dass man besser anruft, wenn man einen Tisch bekommen möchte. Seitdem das Alfredo – übrigens als eines der ganz wenigen italienischen Lokale in Deutschland – mit einem Michelin-Stern ausgezeichnet wurde, kommen zunehmend auch neue Feinschmecker und jüngere Leute.

Sie erleben die regional orientierte Küche Italiens wunderbar puristisch angelegt auf der Basis erstklassiger Produkte mit feinsten Zutaten und zubereitet auf allerhöchstem Niveau.

Dreh- und Angelpunkt des Lokals ist zweifellos der Chef selbst: Roberto Carturan, ein gut aussehender Charmeur ersten Ranges, dessen sinnliche Ausstrahlung nicht nur (aber besonders) auf Frauen wirkt, liebt den Kontakt zu seinen Gästen. Wenn er mit seinem warmen Bariton und wie üblich mit mindestens Drei-Tage-Bart sowie perfekt in die Stirn fallender Locke das aktuelle Angebot des Tages vorträgt, möchte man am liebsten zu allem ja sagen, was er vorschlägt. Warum auch nicht?

Feinste Zutaten zubereitet auf allerhöchstem Niveau

Bei Fisch und Meeresfrüchten sind Carturan und seine Köche nicht zu übertreffen. Das fängt mit den taufrischen Langustinos an, knackig sautiert, je nach Saison kombiniert mit gehobelten Artischocken oder mit filetierten Blutorangen und gerösteten Piemonteser Haselnüssen, dann wieder mit reifer Netzmelone und frischer Minze. Erstklassiges, selbst importiertes Olivenöl setzt dabei zusätzliche Akzente, wie bei vielen anderen Gerichten auch. Auf den Punkt gegart treten die Edelfische aus Wildfang auf: dickes Steinbuttfilet auf geschmortem Radicchio di Treviso, dann wieder in einem feinen Weißweinsud mit Vongole, fleischiger Wolfsbarsch mit frischem Kerbel, Tomatenwürfelchen, Taggiasca-Oliven und püriertem Blumenkohl mit al dente gegarten Röschen.

Aber Carturan kann auch deftiger, ohne die aromatische Präzision zu verlieren, wenn er die Pasta als Zwischengericht serviert. Schon legendär ist sein im Backofen geschmorter Entensugo aus Keulenfleisch, wunderbar die sizilianische Variante der Spaghetti con le sarde von winzigen gebratenen Sardinen, die mit Pinienkernen und Basilikum exzellent harmonieren.

Bis heute unvergessen, da es eine kulinarische Offenbarung ist: das Piemonteser Spinat-Ei im Glas, mit püriertem Spinat und knusprigem Bauchspeck, bei dem das Eigelb des pochierten Eis beim Anstechen über den Spinat fließt und dessen Wärme den Duft der darübergehobelten weißen Trüffelscheibchen noch stärker verströmen lässt.

Eine kulinarische Offenbarung: das Piemonteser Spinat-Ei im Glas

Die klassische Lammkrone »Alfredo«, eine Hommage an den Vater Alfredo, der das Lokal gründete, ist immer im Angebot.

Entspanntes Wohlfühlambiente

Wenn es Kalbsbries gibt, greifen Sie unbedingt zu, weil es immer auf dem Punkt ist und mit ungewöhnlichen Beilagen kombiniert wird. Auch Kaninchen gibt es manchmal. Bei meinem letzten Mal war es eine gefüllte Keule mit einer Salbei-Rosmarin-Farce, umwickelt mit Parmaschinken und in Begleitung von Steinpilz-Polenta und fantastischen in Olivenöl gebackenen Treviso-Blättern – herrlich.

Die Desserts: himmlischer Kaffee-Semifreddo mit kurz gebratenen reifen Aprikosen, luftig cremigem Espuma von Zabaione mit erlesenen Himbeeren – von üppig bis leicht und fruchtig ist etwas dabei.

Zur Klasse des Essens kommt der unnachahmliche Stil des Hauses, die Gäste zu verwöhnen. Unterstützt wird Roberto Carturan schon lange von Davide Florian, der für die Weinberatung zuständig ist und immer den richtigen aus der exquisiten Auswahl italienischer Weingüter und einigen deutschen und französischen Flaschen fischt. Seit Susanne Carturan sich aus dem Tagesgeschäft weitgehend zurückgezogen hat, bezaubern die hübschen Kellnerinnen Sakina und Carolina beim aufmerksamen Service mit viel fröhlichem Charme. Der schlichte stilsichere moderne Chic weißer Holzjalousien, elegant frei schwingender, schwarz gepolsterter Designer-Stühle und großer Blumengestecke sorgt zusätzlich für ein entspanntes Wohlfühlambiente. So präsentiert sich das Kölner Traditionslokal also auch nach vierzig Jahren problemlos in jeder Hinsicht auf der Höhe der Zeit.

Nur am Freitagabend erlaubt sich der Freizeit-Boxer, Gitarrenspieler und ausgebildete Opernsänger Carturan einen kulturellen Ausflug in ganz alte Zeiten. Wenn er nach dem Menü zur Klavierbegleitung Arien und italienische Kanzonen singt, ist das mindestens so romantisch wie der Sonnenuntergang vor Capri, obwohl der FC-Fan mit italienischem Blut in den Adern zweifellos ne echte Kölsche Jong ist.

Basilicum

Terrasse • Hauptgerichte 19–26 • Menüs 35 (3 G), 44 (4 G), 49 (5 G) — Innenstadt
Di–Sa ab 18 Uhr — Am Weidenbach 33
Telefon 0221-32 35 55 • www.basilicum.org

Schick sollte es sein und »wir wollten nette Gäste haben, die gerne zu uns kommen«, es sollte kreative Gerichte geben, die »lecker sind und die man nicht überall bekommt«. So fasst Doreen Lehwald ohne Umschweife die ursprüngliche Idee zusammen, die hinter diesem freundlichen Lokal nicht weit vom strengen Finanzamt Köln-Süd steckt. Und genauso haben die Köchin und ihr Kompagnon Kurt Oehler im Service ihren Anspruch umgesetzt. Ohne großes Tamtam und mit viel Engagement in eigener Sache führen die beiden nun ein allseits beliebtes Restaurant, in dem alles stimmt: die lockere Atmosphäre, die interessanten Gerichte von der kleinen Karte und die ungewöhnliche Weinliste, die manche Überraschung bereithält. Das alles gibt es zu sehr gastfreundlichen Preisen, die die Entscheidung leicht machen, wenn man sorglos einfach richtig gut essen gehen will.

Über wie viele Lokale kann man das eigentlich überhaupt noch so sagen?

Doreen Lehwalds Philosophie lässt sich problemlos auf dem Teller nachvollziehen: modern bodenständiges Kochen mit originellen Ideen aufgefrischt, die aber nie die aromatische Balance oder die geschmackliche Harmonie zwischen den verwendeten Produkten gefährden, egal ob bei Fleisch, Fisch oder Gemüse. Ihre langjährige Erfahrung in anderen Restaurants wie in den Anfängen des La Société, im Bagutta und im Amabile setzt sie dabei souverän und im besten Sinn individuell um.

Garnelen mit Erbspüree und Minze zu geraspeltem Apfel mit frischem Koriander, Filet von der Lachsforelle mit Pannacotta vom Blumenkohl und Currycreme oder sanft gegarter Kaninchenrücken und -ragout von der Keule auf Kohlrabi-Lasagne aus dünnen gehobelten Lagen sind typische Vorspeisen der Köchin, die auch bei der Portionierung der Hauptgerichte darauf Wert legt, dass man satt wird und nicht an Butter oder Sahne gespart wird, wo es darauf ankommt. Dass alles hier eigenhändig und frisch zubereitet wird, versteht sich von selbst, ist aber noch bemerkenswerter als sonst, wenn man weiß, dass die handfeste Frau ganz allein in der Küche steht.

Bei den Hauptgängen zeigt sie, dass die einfache Makrele ein unterschätzter Fisch ist, der als sanft gebratenes Filet mit Artischocken, Spinat und Reisnudeln durchaus ungewohnte Feinheiten erreichen kann, und ein edler Fisch wie der Seeteufel problemlos kräftige Aromen wie eine Speck-Zwiebelstippe zu einem Risotto mit Pfifferlingen und Lauch verträgt. Schon ein Klassiker des Hauses ist das dicke Kotelett vom Ibérico-Schwein mit Speckböhnchen und tollem Kartoffelpüree, auch bei den Variationen vom Lamm, geschmort und kurz gebraten mit intensiver glänzend dunkler Sauce, dürften Fleischliebhaber ebenfalls voll auf ihre Kosten kommen.

Ein Klassiker des Hauses ist das dicke Kotelett vom Ibérico-Schwein

Bei den Desserts kann man ohne Rücksicht auf Kalorienverluste in großartigen Kombinationen wie sahnigem Karamellparfait mit Schokoladenkuchen und Mangosalat oder superfruchtigem Erdbeersorbet mit Rhabarbertarte schwelgen

Kreative Gerichte, die man nicht überall bekommt

Im Sommer lockt der lauschige Hinterhof mit seinem roten Buddhisten-Schrein zusätzlich, bei kühlerem Wetter fühlt man sich in dem geradlinig eingerichteten Lokal mit seinen japanisch inspirierten Dekorationen ebenso wohl. Es lohnt sich also immer, hierher zu kommen.

BENNYSSIMO

Innenstadt
Christophstr. 54

keine Terrasse • Hauptgerichte ab 19,50 • Mittagsmenüs ab 12,
Abendmenüs ab 17,50 • Kartenzahlung
Mo–Fr 12–14.30 und ab 18 Uhr, Sa ab 18 Uhr
Telefon 0221–13 13 99 • www.bennyssimo.de

Wie so manch andere Empfehlung in diesem Restaurantführer gehört auch das Bennyssimo in die Reihe der Empfehlungen, die bei Freunden und Bekannten häufig zu den Reaktionen »noch nie gehört« oder »wo ist das denn?« führen. Gut, der Name selbst erinnert eher an eine Kindertagesstätte als an eine Trattoria und trotz ihrer Lage fast am Hansaring ist sie von außen so unscheinbar, dass man problemlos daran vorbeilaufen könnte, ohne dass es einen wirklich hineinlockt. Doch wie beim Wein kommt es weniger auf das Aussehen der Flasche als darauf an, was drin ist. Denn in diesem Lokal kommen der strahlend fröhliche Orazio Cicilano aus der Küche und seine sympathische Gattin Giuseppina im Service auf Sie zu, ein sehr gastfreundliches Duo, das wegen

seines typisch italienischen Charmes und seiner geradlinig zubereiteten Spezialitäten eigentlich viel bekannter sein müsste. Die liebenswerte Signora ist auch für die Weinberatung zuständig, und ihr dürfen Sie dabei ruhig folgen – von süffigen offenen Weinen über bessere Flaschen bis hin zu hochpreisigen Rebsorten aus Norditalien ist alles dabei.

Auf der großen Tafel stehen die aktuellen Gerichte, manchmal gibt es spontan zusätzliche Angebote nach Laune des Kochs. Insgesamt hat sich im Lauf der Jahre wenig daran geändert, was auf den Tisch kommt, aber warum auch? Da kann man sich wenigstens verlässlich auf puristisch ausgeführte Trattoria-Kost mit den klassischen Gemüsebeilagen ohne zusätzliches Chichi freuen: zum Beispiel auf das dicke Kalbskotelett mit Salbei, die perfekt in Butter gebratene Seezunge, saftiges Thunfischsteak mit Kapern, Minze und Oregano und das üppige Tiramisu mit viel Mascarpone und dicker Kakaoschicht.

Puristisch ausgeführte Trattoria-Kost

Eine seltene Delikatesse sind die mit Provolone dolce gefüllten Gnocchi

Besonderes Augenmerk sollten Sie auf Gnocchi und Pasta legen. Orazios mit Provolone dolce gefüllten Gnocchi in einer leicht gebundenen Weißweinsauce mit Parmesanschnitzen sind eine seltene Delikatesse, die ich in Köln noch nirgendwo sonst gegessen habe. Bei den Spaghetti alla bottarga, also Spaghetti mit getrocknetem Meeräschenrogen in Butter, scheut der Süditaliener nicht den reichlichen Einsatz von gerösteten Knoblauchscheiben, ebenso nicht bei den Paccheri, gebogenen Röhrennudeln mit Gambaretti und Vongole in einer pikanten Tomatensauce.

Muscheln in Weißweinsud, Meeresfrüchtesalat mit Oktopus oder frische Pfifferlinge, nur mit etwas Pancetta kurz gebraten und mit viel Petersilie bestreut, beleben den üblichen Vorspeisenreigen neben Vitello tonnato und Co.

Klingt nicht nur wie der sprichwörtliche gute Italiener an der Ecke, sondern ist tatsächlich einer wie aus dem Urlaubs-Bilderbuch in echt.

Bosporus

Terrasse • Hauptgerichte ab 15 • Menüs ab 36 (4 G) • Kartenzahlung
Mo–Sa 12–24 Uhr, So ab 16 Uhr
Telefon 0221-12 52 65 • www.bosporus.de

Innenstadt
Weidengasse 36

Wenn schon die Weidengasse und der Eigelstein wegen der überwiegend türkischen Einwohner und des dementsprechenden Flairs Klein-Istanbul genannt werden, dann ist es eigentlich nur folgerichtig, dass die Institution unter all den Schnellrestaurants, Döner-Läden und Lamacun-Bäckereien Bosporus heißt. Vor drei Jahrzehnten eröffnete der in Istanbul geborene und in Bonn aufgewachsene Ali Balaban mit seinem Bruder dieses seriöse Lokal für gepflegte türkische Küche. Nach einem Architekturstudium schien ihm der berufliche Seiteneinstieg in die Gastronomie lukrativer. Zum Glück für alle, die die türkische Küche eben nicht nur als Imbiss nebenher, sondern im stilvoll gediegenen Ambiente eines Restaurants mit eingedeckten Tischen und typisch türkisch verspielt bunten Accessoires erleben wollen.

Das fühlt sich nicht nur an wie im richtigen Istanbul, sondern man hat zusätzlich den sinnlichen Eindruck, weniger in einem Restaurant als vielmehr zu Besuch bei Verwandten zu sein. Das wiederum liegt an Ali Balaban und seiner Frau Yasemin, die sich im gesamten Umfeld der Weidengasse als multikulturelle Brückenbauer verstehen und das auch persönlich mit ihrer unnachahmlich höflich sympathischen Art als charmante Gastgeber täglich in ihrem Lokal leben – türkische Gastfreundschaft mit einem Lächeln, das von Herzen kommt.

Aus der Küche kommen zunächst eine ganze Reihe kalter und warmer Vorspeisen, die entweder einzeln oder nach Landessitte gleich als gemischter Teller bestellt werden können – von pikant über würzig bis cremig, immer fein abgeschmeckt und beim Knoblaucheinsatz eher dezent zurückhaltend. Neben den bekannten Klassikern wie Hummus, Fischrogencreme und köstlichen, mit Korinthen, Pinienkernen und Reis gefüllten Weinblättern kann man auch mal andere Gerichte wie das helle Auberginenmus, Rinderschinken mit Tomaten-Paprikagemüse, frittierte Käsebällchen und nicht zuletzt die paniert gebratenen Würfel von der Rinderleber probieren. Auch das auf tscherkessische Art klein geschnittene Hühnerfleisch in einer Walnusscreme und Olivenöl ist sehr lecker.

Bei den Hauptgerichten gibt es einige Möglichkeiten mit Fisch, Kalb- und Rindfleisch, aber irgendwie lande ich dann doch wieder bei einer der vorzüglichen Zubereitungen mit Lammfleisch. Das kann die einfache Variante nach Bauernart sein, bei der das gewürfelte Lammfleisch mit kurz gedünsteter grüner, roter und gelber Paprika, Gemüsezwiebeln und Tomatenschnitzen gemischt und mit Oregano gewürzt wird. Beim Kebab »aus dem Land der Köche« liegen die gerösteten Fleischstreifen auf ähnlichem Gemüse, das aber mit Tomatensauce und geröstetem Fla-

denbrot gemischt ist und von einer Joghurtsauce mit Kräutern abgerundet wird. Fast schon sultaneske Stimmung erzeugen der zarte, ausgelöste Lammrücken auf einer cremigen Sauce von mildem Kaschkawal-Käse oder die in saftige Auberginenscheiben eingewickelte, geschmorte Lammkeule mit Schafskäse aus dem Backofen.

Gepflegte türkische Küche in stilvollem Ambiente

Der wohl ungewöhnlichste Hauptgang sind die Lammfleischstreifen mit Joghurt, Dill, Pinienkernen, Rosinen und Zwiebeln, in eine Crêpe eingeschlagen – das ist die Gelegenheit für neugierige Esser, der türkischen Küche etwas intensiver auf die Spur zu kommen. Die bemerkenswerten türkischen Weine sind preiswert und mit Angabe der Traubensorten in der Karte verständlich kommentiert und lassen andere europäische Regionen nicht vermissen.

Ohne ein Dessert wie die sensationelle Helva und nicht zu süße Baklava mit Walnüssen oder Kadayif mit Pistazien und frischen Früchten wäre ein Essen hier sicherlich nicht standesgemäß absolviert, danach ein sehr heißer Mokka und vielleicht noch ein Raki?

Sensationelle Helva und nicht zu süße Baklava

In jedem Fall ist ein Abend am Eigelsteiner Bosporus nicht nur kulinarische Völkerverständigung im besten Sinne.

Delice

INNENSTADT
VENLOER STR. 30

TERRASSE • HAUPTGERICHTE AB 14 • MENÜS 30 (3 G) • KARTENZAHLUNG
MO–FR 12–15 UND AB 18 UHR, SA/SO AB 18 UHR
TELEFON 0221-56 96 192 • WWW.DELICE-KOELN.DE

Deutsch-mediterran ausgerichtete Speisekarte

Jahrelang war an diesem kleinen Restaurant gegenüber des Stadtgartens das einzig Beständige, dass die Pächter regelmäßig wechselten, ohne dass dabei etwas Bemerkenswertes herausgekommen wäre. Das hat sich gründlich geändert, seit Sabiullah Scherzai und seine Lebensgefährtin das Lokal im Souterrain übernommen haben. Die Einrichtung haben sie mit wenig Geld, viel Engagement und originellen Ideen wie zum Beispiel den umgedrehten Tischlampen als Beleuchtung über der Theke sehr einladend gestaltet. Selbst die gedeckten grau-bräunlichen Farbtöne der Holztische und Wände passen zum Gesamtambiente eines modernen Stadt-Bistros, in dem man zu jeder Tageszeit gerne sitzt.

Dazu kommt der sehr freundliche Service und eine typisch deutsch-mediterran ausgerichtete Speisekarte. Die verantwortet ein offensiv gut gelaunter, waschechter Franzose namens Marc

Ollivaux, der eigentlich aus dem nordfranzösischen Nantes stammt, aber mit seinen strahlend blauen Augen und strubbeligen Haaren viel mehr an einen abenteuerlustigen Matrosen aus Marseille erinnert, der schon durch einige Unwetter des Lebens gesegelt ist. Tatsächlich lebt er aber schon lange in Köln und hat früher unter anderem – die Älteren unter uns werden sich erinnern – bei Da Bruno in Sürth und im Zum offenen Kamin in Ehrenfeld gearbeitet.

Kochen kann er also auch, deswegen sind gerade die Klassiker empfehlenswert, zum Beispiel das Coq au Vin – gleich drei saftige Hühnerschenkel in einer hervorragenden dunklen Rotweinsauce, bei der noch leicht das Aroma von geräuchertem Speck mitschwingt, dazu einwandfreies Kartoffelpüree und etwas Gemüse. Auch das perfekt gebratene Fleisch aus der Lammhüfte wird in einer klassisch angesetzten Sauce neben einem ebenso klassischen Kartoffelgratin und mit Speck umwickelten grünen Bohnen serviert. Besser kann man diese Art von Gerichten eigentlich nicht zubereiten. Dazu kommen originelle Kreationen wie zartes Kalbfleisch unter feiner Thunfischsauce

Empfehlenswerte Klassiker wie Coq au Vin

 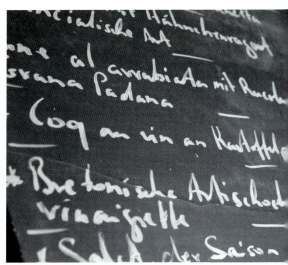

mit Kapern und jungen Spinatblättern oder eine ordentlich mit Paprika gewürzte, provenzalische Hühnersuppe, in der neben dem zarten Hühnchenfleisch noch viel Gemüse und Kartoffelwürfel schwimmen.

Manchmal scheint die Experimentierlust mit dem lockeren Franzosen etwas durchzugehen, doch dann wieder schmecken hausgemachte Tortelloni gefüllt mit einer perfekt ausbalancierten Mischung aus Birnen und Ricotta in einer leicht gebundenen Rieslingsauce einfach herrlich. Ebenso der mit Parmaschinken umwickelte Büffelmozzarella auf einem Carpaccio von Süßkartoffeln. Verlässlich ist das gut abgehangene argentinische Rumpsteak, manchmal kombiniert mit knackig sautierten Garnelen, gebratenen Drillingen und Salat.

Die guten offenen Weine sind auch deswegen bemerkenswert, weil sie sorgfältig ausgesucht sind, bei den Flaschenweinen gibt es ebenfalls lohnenswerte Qualitäten zu vernünftigen Preisen. Mittags lohnt sich der Besuch wegen der unprätentiösen Gasthausgerichte. Es sieht also ganz danach aus, dass sich hier ein rundum gelungenes Lokal etabliert hat, das man nach all den Jahren an dieser Stelle nicht mehr erwartet hätte.

Sorgfältige Weinauswahl

Essers Gasthaus

EHRENFELD TERRASSE • HAUPTGERICHTE AB 11,50 • KARTENZAHLUNG
OTTOSTR. 72 TÄGLICH AB 17.30 UHR
TELEFON 0221-42 59 54 • WWW.ESSERS-GASTHAUS.DE

Das beste original Wiener Schnitzel Kölns

Wenn sonntags alle gleichzeitig kommen würden, dann wäre es eine regelrechte Prozession. So viele Eingeweihte wissen nun schon seit Jahren, dass sich das Essers an jedem 7. Tag der Woche in einen Wallfahrtsort für Schnitzelliebhaber verwandelt, sodass diese Messe praktisch in zwei Schichten gelesen werden muss: Die »Tatort«-Gucker kommen schon gegen 18 Uhr, die anderen gegen 20 Uhr, aber alle huldigen dem nach wie vor wegen seiner Qualität unerreicht besten original Wiener Schnitzel der Stadt – ach was sag' ich –, sicherlich auch des Universums. Besser kann man das handgeklopfte, dünne, zart-saftige, mit echten Wiener Semmelbröseln panierte und schwimmend in Butterschmalz perfekt wellig gebratene Schnitzel aus Kalbfleisch einfach nicht zubereiten, Punkt. Dazu gibt es den traditionellen Kartoffel-Gurken-Salat oder – mein Favorit – den steirischen Bauernsalat mit dunkelgrünem Kernöl und dicken Käferbohnen sowie die Frage, warum es das eigentlich nicht jeden Tag geben kann? Weil das Essers »nicht zu einer Schnitzelbude verkommen soll«, wie Andreas Esser, übrigens gebürtiger Kölner, das in seiner herzhaft direkten Art kurz und bündig zusammenfasst.

Recht hat er, vor allem weil man dann auf die zweite Weltklasse-Spezialität des Hauses verzichten müsste: das Backhendl. Im Körbchen serviert, außen knusprig und innen sehr saftig, egal ob Keule, Flügel oder Brust – es ist eine einzige Wonne. Auch das Backhendl ist zeitlich limitiert auf jeden ersten Donnerstag des Monats, weil das Essers vermutlich auch nicht zu einer, Sie wissen schon ...

Das Backhendl ist eine einzige Wonne

Bei aller Liebe zu diesen großartig zelebrierten Österreich-Klassikern gibt es an allen anderen Tagen ebenfalls jede Menge gute Gründe, ins Essers Gasthaus zu gehen. Denn bei allen gutbürgerlichen Gerichten gehen die beiden Köche Andreas und Alex mit demselben Anspruch an regional bezogene Produkte und sorgfältige Zubereitung vor. Dazu gehören oft die feine Tiroler Kalbsbratwurst mit saisonal wechselnden Gemüsebeilagen, Scholle oder Heilbutt aus nachhaltigem Fischfang, erstklassiger, leicht geräucherter Matjes mit Linsensalat und Krautfleckerl, also mit Weißkohl gemischte Nudeln – noch so eine sehr gelungene Spezialität aus Österreich. Das hervorragende Rindfleisch für die gekochte Schulter, das Gulasch, das Rumpsteak oder Entrecote kommt vom steirischen Almochsen, das Fleisch für die schön fettgemaserten Nackensteaks oder den Schmorbraten liefern steirische Landschweine. Von denen stammt auch das »Verhackert«, ein Schmalz aus geräuchertem Schweinefleisch, das zusammen mit luftgetrocknetem Vulcano-Schinken und der Sülze vom Schweinskopf eine unwiderstehliche Brotzeit ist.

Ebenfalls aus der Steiermark stammt Iris Giessauf, die liebenswerte Seele des Hauses und eine zweifellos zur Wirtin geborene

Sorglose Stunden in fröhlicher Atmosphäre

Grazerin, wie sie im Buche steht. Sie sorgt zusammen mit ihren herzlichen Kolleginnen im Service so engagiert und gut gelaunt für das Wohl der Gäste, dass der Aufenthalt in diesem modern hellen Gasthaus mit der sehr einladenden Biergarten-Terrasse immer weit entfernt von jeglichem Alltagsgrau ist.

Die leidenschaftliche Weinkennerin ist auch verantwortlich für die sehr kundige Auswahl an hochwertigen österreichischen und deutschen Weinen zu sehr trinkfreundlichen Preisen, die sie mit ihrem charmanten steirischen Dialekt gerne erläutert, so wie sie uns Piefkes unermüdlich den Charakter der Traubensorten und die Feinheiten der Küche und die Produkte ihres Heimatlandes näherbringt. Dazu gehören bei den Desserts selbstverständlich Palatschinken mit Marillen und Topfenknödel mit Zwetschenröster, die wie alles andere verlässlich sämtliche Ansprüche an das weit überdurchschnittliche Niveau des gesamten Essens erfüllen.

So führen Iris Giessauf und Andreas Esser in jeder Hinsicht vor, was selbst in einer Großstadt wie Köln ein höchst schätzenswertes rheinisch-steirisches Gasthaus sein kann: sorglose Stunden in fröhlicher Atmosphäre und kulinarisches Glück.

FLOGAUS

TERRASSE • HAUPTGERICHTE AB 18 • MENÜS 39 (3 G) – 60 (5 G) AGNESVIERTEL
KARTENZAHLUNG • DO–MO AB 18 UHR KASPARSTR. 19
TELEFON 0221-99 87 93 53 • WWW.FLOGAUS-RESTAURANT.DE

Interessante Versuche, dieses Ecklokal schräg gegenüber der alten Feuerwache im Lauf der Jahre mit – man weiß nicht mehr wie vielen – Besitzerwechseln zu beleben, hat es ja durchaus gegeben. Doch mit dem Flogaus scheint es jetzt endlich funktioniert zu haben, im Agnesviertel ein Restaurant zu etablieren, das die kulinarische Szene Kölns nicht nur bereichert, sondern im stadtweiten Vergleich hell leuchtet. Der schwäbische Metzgerssohn Marc Flogaus, der sein Handwerk zunächst im La Société gelernt und sich danach bei einigen international renommierten Adressen umgesehen hat, und seine Frau Nadine als Restaurantchefin gehen hier mit ihrem Team so motiviert, professionell und herzlich vor, dass man sich entspannt zurücklehnen kann, um das alles zu genießen. Endlich mal wieder ein junger Küchenchef, der sich nicht damit verständelt, Fleisch oder Gemüse auf einem Teller in

Anspruchsvolle Gastronomie mit Leib und Seele

verschiedenen Zubereitungen zu deklinieren, sondern mit klaren Strukturen bei den einzelnen Gängen, klassischem Handwerk bei der Zubereitung und sicherem Gespür für aromatische Balance vorgeht.

Was dabei herauskommt? In sich absolut stimmige Gerichte, die nie langweilig sind. Eine cremige Mousse von der Gänseleber überrascht zu dezent geräucherter, lauwarmer Entenbrust, kombiniert mit einem Kompott von Stachelbeeren und einer Brioche mit eingestreuten Berberitzen. Eine tintenschwarze Suppe mit äußerst zarten Oktopusstücken als Einlage, die den leicht strengen Geschmack der Tinte und des Suds gerade mal andeutet und dadurch treffend bedient. Dazu ein kleiner Salat von Sepia- und Kalmarringen mit Tomaten und gerösteten Pinienkernen als Beilage. Als Hauptgang ein perfekt gegartes Stück vom Rinderbug mit exakt dem richtigen Biss in kräftiger Barbecuesauce zu Püree von weißen Bohnen und kleinen Cannellini-Böhnchen, abgeschmeckt mit Bohnenkraut. Das alles ist schon à la carte in jeder Hinsicht seinen angemessenen Preis mehr als wert, doch die Überraschungsmenüs sind regelrechte Schnäppchen. Die Überraschungen können Sie auch vegetarisch bekommen – und es gibt bis dato keine vergleichbare Adresse in dieser Stadt, wo man so köstlich fleischlos essen kann wie hier.

Grüner Spargel mit dünn geschnittenen Champignons zu knusprigen Krümeln und dünnem Segel vom Pumpernickel zur

Überraschungsmenüs zu fairen Preisen

Köstliche Menüs für Vegetarier

Sauce gribiche mit Eigelb, fein gehackten Kapern und Gewürzgurken. Saftiger Räuchertofu in schwarzem und weißem Sesam paniert mit kurz gedünstetem Blattspinat und pochiertem Eigelb zwischen hauchdünnen knusprigen Teigblättchen. Eine tolle Idee sind die Tramezzini aus gerösteten Weißbrotscheiben mit einer panierten Kichererbsenschnitte dazwischen, mit frischen Kräutern und geschicktem Kreuzkümmeleinsatz gewürzt, der sich auch beim Quarkdip mit Minze bewährt – alles abgerundet mit üppiger Avocadocreme sowie Rucola und Tomate als erfrischendem Kontrast.

Fleischesser kommen deswegen keineswegs zu kurz beim Kalbsfilet unter Haselnusskruste mit Kalbsbries und deutlich estragon-orientierten Spätzle oder amerikanischem Rib-Eye-Steak, hauchdünnen Chips von der Süßkartoffel und leicht geschärfter Salsa aus Paprika und Tomaten.

Bei den Desserts geht's weitgehend klassisch zu, jedenfalls im Sinne von cremig und üppig: Das grandiose Soufflé mit frischen Himbeeren hat eine himmlische Balance von Süße und Frucht, die Variation von Kaffee, Kakao und Mokka ist eine kleine Offenbarung unterschiedlicher Interpretation verwandter Aromen. Die Auswahl der guten Weine, die glasweise im Angebot sind, passt zum Essen, Nadine Flogaus berät dabei immer verständlich und animierend. Die Flaschenweine sind wie die offenen trinkfreundlich kalkuliert.

Außerdem fällt dieses rundum angenehme Restaurant in noch einer Hinsicht besonders auf, da das bei neuen Lokalen (nicht nur von jungen Leuten) so selten geworden ist: Es fühlt sich an wie anspruchsvolle Gastronomie mit Leib und Seele.

GLASHAUS
IM HOTEL HYATT REGENCY

KEINE TERRASSE • HAUPTGERICHTE AB 23 • MITTAGSMENÜS 27 (2 G), ABENDMENÜS 51 (3 G) – 59 (4 G) • KARTENZAHLUNG MO–SA 12.30–17.30 UND TÄGLICH 18.30–23 UHR TELEFON 0221-82 81 17 73 • WWW.GLASHAUS-RESTAURANT.DE

DEUTZ
KENNEDY-UFER 2A

Hohenzollernbrücke, Dom, Philharmonie und Groß St. Martin auf einen Blick – das ist von der scheel Sick aus zweifellos das schönste Postkartenpanorama, das Köln zu bieten hat. Noch schöner ist, dass man diese Aussicht wind- und wettergeschützt vom Glashaus des Hyatt-Hotels genießen und dabei gut essen kann. Seit der gründlichen Renovierung bietet das Restaurant eine sehr einladende Mischung aus offen gestalteter Lounge mit Designersesseln und funktional gestylten Esstischen mit frei schwingenden Lederstühlen. Eventuell aufkommende Schwellenängste beim Betreten eines Luxushotels lassen die stets grüßenden Portiers schon am Eingang versiegen, ebenso wie der sehr zuvorkommende Empfang der professionellen und trotzdem auf persönliche Art freundlichen Servicecrew eine Etage höher.

Rheinblick und Flair der großen weiten Welt

Natürlich sind die Preise für das Essen ebenfalls höher als in anderen anspruchsvollen Restaurants der Innenstadt, aber problemlos akzeptabel für das entspannende Flair einer luxuriösen Umgebung. Dazu kommt, dass mit Paul Hoffmann ein spitzenhotel-erfahrener neuer Chefkoch kam, der offensichtlich zeigen will, dass Hotelluxus und hervorragendes Essen sich nicht ausschließen müssen. Diese Herausforderung meistern er und sein Küchenteam mit Bravour auf jeder Ebene – egal ob in der Bar, draußen im Biergarten vor dem Hotel oder besonders im Glashaus selbst.

Die Speisekarte bietet international moderne Gerichte, darunter die Klassiker der amerikanischen Hotel-Gastronomie in Bestform, was wirklich sehr erwähnenswert ist. Caesar Salad wird hier endlich einmal so sorgfältig zubereitet, wie er es verdient: Romana-Salat in feine Streifen geschnitten, die knusprigen Speckwürfelchen in Mini-Format, das filigrane Dressing akribisch

untergezogen, frische Croutons und Parmesanscheibchen darüber – wunderbar. Das dreistöckige Clubsandwich: diagonal in Dreiecke geschnitten und von Spießchen zusammengehalten, damit die präzise abgestimmte Füllung zwischen den perfekt getoasteten Weißbrotscheiben aus Spiegelei, gebratener Hühnerbrust, Salat, Tomaten und gerösteten Speckscheiben nicht auseinanderfällt. Dazu gibt es erstklassige Fritten, so auch zum klassischen XL-Burger mit Bacon und Cheddar in der Focaccia, die tatsächlich bis zum letzten Bissen die Form in der Hand hält, also einigermaßen stilvoll zu bewältigen ist – insgesamt eine Wonne und für mich übrigens mit Abstand der beste Burger der Stadt.

Die drei im Bunde gibt es im Restaurant nur tagsüber, abends bekommt man sie unten in der Bar, denn dann laufen Küchenchef Johann Mitterlechner und sein Team die Kür der feinen Liga mit international orientierten, im besten Sinne crossover, mediterran bis asiatisch beeinflussten Gerichten. Immer mit sehr frischen

Der beste Burger der Stadt

Exakte Garzeiten und stimmige Aromen

Grundprodukten, exakten Garzeiten und stimmiger Aromenbalance. Bei den Vorspeisen zählt dazu ein Carpaccio vom sehr zarten und saftigen Rücken des Wollschweins, garniert mit Tupfern von Haselnussmayonnaise, Eiszapfen und Estragonblättchen. Ebenfalls sehr harmonisch ist die rohe Gelbschwanzmakrele mit gesalzenen Sojabohnen, Miso, Ponzu und Avocado. Auch Steinbutt, Jakobsmuschel mit Amalfi-Zitrone und geschmorter Fenchel mit Oliven sind eine großartige Kombination. Typisch amerikanisch und perfekt hinsichtlich Fettmaserung, Garpunkt und intensivem Fleischgeschmack ist das US-Striploin von der Greater Omaha Packers Company in Nebraska, zu dem man verschiedene Beilagen wählen kann. Auch bei diesem Steak wäre ich wie beim Hamburger nahe dran, es zum besten kurz gebratenen Rindfleisch der Stadt hochzujubeln.

Ein Extra-Lob geht noch an die Patisserie für ihre üppigen Dessert-Varianten. Die Preise für die guten offenen Weine könnte man sich damit schöner reden, dass sie sehr großzügig eingeschenkt werden, die Flaschen rangieren qualitativ und preislich ebenfalls in gehobenen Kategorien.

Macht aber jetzt mal nichts, wenn es teuer wird, denn schöner als in diesem sehr schicken Kölner Luxushotel mit Rheinblick und Flair der großen weiten Welt kann man sein Geld für Essen und Trinken gar nicht auf den Kopf hauen.

HASE

Terrasse • Hauptgerichte ab 19 • Menüs ab 39,50 • Kartenzahlung
Mo–Fr 12–15.30, 18–23 Uhr, Sa 12–16, 19–23 Uhr
Telefon 0221-25 43 75 • www.hase-restaurant.de

Innenstadt
St.-Apern-Str. 17

Ich bin eigentlich gegen naheliegende Namenswitze, aber bei diesem flotten Innenstadtlokal führt trotzdem kein Weg daran vorbei. Denn alle Beteiligten vom Kellner bis zum Koch wissen einfach seit vielen Jahren schon, wie der Hase läuft – und das in jeder Hinsicht. Die durchweg männlichen Kellner mit Oberhemd, Schlips und langer weißer Schürze kennen ihre vielen Stammgäste aus den umliegenden Galerien, Boutiquen und Modegeschäften und verstehen es, den Aufenthalt beim allgemeinen Sehen und Gesehenwerden so angenehm wie möglich zu machen: aufmerksam, schnell, professionell und trotzdem immer auch zu einem kleinen persönlichen Plausch bereit – das macht ihnen nicht nur in der Innenstadt so schnell keiner nach. Dazu kommt das gediegene Ambiente, aufgelockert mit viel hellem Holz und kleinen Spiegeln, die Getränke-Theke im Eingangsbe-

Mittags wie abends eine tolle Adresse

Sehen und gesehen werden

reich und erst recht die fast schon lauschig ruhige Bürgersteig-Terrasse zur Straße hin, auf der man beim ersten Gläschen Schampus oder Aperol Spritz sofort vergisst, dass praktisch direkt um die Ecke Kölns City mit seiner angesagtesten Einkaufsmeile tobt. Das allein ist schon attraktiv genug für einen entspannten Zwischenstopp, aber darüber hinaus ist der Hase mittags wie abends auch noch ein überzeugendes Lokal für jede Art von Essen gehen.

Die Ausrichtung der Speisekarte – selbstverständlich eine große handbeschriebene Schiefertafel – ist international, mediterran und deutsch, also weitgehend das übliche Angebot trendiger Innenstadtbistros, doch im Hasen deutlich über Durchschnitt zubereitet. Neben den Hausklassikern wie auf der Haut gebratenem Polarsaibling mit gut ausbalancierter Gemüsemischung aus kleinen Pfifferlingen und Blattspinat sowie ausgelösten Muscheln, dem gut durchgerührten Tomatenrisotto mit knackigen Riesengarnelen oder Kaninchenfilet und -leber auf Feldsalat lassen

sich die Köche saisonabhängig immer wieder etwas Neues einfallen. Zarter Oktopus und Sepia mit Stückchen vom Staudensellerie, Scheibchen vom Knollensellerie zu Rucolasalat und Oliven gehören ebenso dazu wie pikant marinierte Lammspieße mit Taboulé und eingelegtem Grillgemüse von roter und gelber Paprika. Sie zählen zwar offiziell zu den Vorspeisen, können aber problemlos als sättigende Gerichte für den kleinen Hunger durchgehen.

Faire Preise trotz prominenter Lage

Bei den Hauptgängen hat man die Wahl zwischen Fisch und Fleisch, beides ist von sehr zuverlässiger Frische und Qualität. Das dicke Rumpsteak vom gut abgehangenen Rindfleisch wird durch paniert ausgebackenes Ochsenmark, ein großartiges Kartoffelgratin und Bohnengemüse ergänzt. Rotbarschfilet mit Gurkenkartoffelsalat und Lasagne vom Seeteufel mit feinem Ragout von Möhren und Tomaten zeigen, dass die Küche auch zu den Stoßzeiten auf Zack ist.

Außerdem ist das Essen besonders angesichts der prominenten Lage erstaunlich fair kalkuliert, während die Preise für die tadellosen Weine etwas forscher ausgelegt sind – aber nicht so sehr, dass man im Zweifelsfall nicht doch noch ein Gläschen länger sitzen bleibt, weil es hier insgesamt so viel Spaß macht.

Joseph's

RHEINAUHAFEN TERRASSE • HAUPTGERICHTE AB 16 • KARTENZAHLUNG
AGRIPPINAWERFT 22 SO–FR 12–15 UND AB 18 UHR, SA AB 18 UHR
TELEFON 0221-16 91 73 00 • WWW.JOSEPHS-KOELN.DE

Ein Restaurant nach New Yorker Vorbild

Es geschehen also in Köln und sogar noch im Rheinauhafen Wunder, selbst bei der Einrichtung eines Restaurants. Was Inhaberin Rita von Borries allen vorherigen Unkenrufen zum Trotz mit viel Geld, hohem baulichen Aufwand sowie sensiblem Fingerspitzengefühl aus dem riesigen Raum des ehemaligen Getreidespeichers gemacht hat, fühlt sich endlich mal trotz Köln nach Weltstadt an: ein Restaurant nach New Yorker Vorbild mit Bar und sehr gemütlicher kleiner Lounge, dunklem Fliesenboden, Pfeilern in Sichtbeton und Silo-Schüttvorrichtungen an der Decke, Europaletten als Weinlager, mit Holz vertäfelten Nischen und fast echtem Glühbirnenschein. Nein, diese lässige Klasse hatten wir bisher in dieser Stadt nicht, nicht mal annähernd.

Beim zweiten Küchenchef nach der Eröffnung hat die ostküsten-affine Besitzerin mit Stefan Rittger offensichtlich ebenfalls

den richtigen Griff getan, die flotte junge Kellnercrew legte sowieso von Beginn an kontinuierlich einen bemerkenswert professionellen wie aufmerksamen Service hin.

Amerikanisch eingefärbt ist auch das leicht sentimentale Wortgetöse auf der Speisekarte von Heimweh und Heimatküche, »die für uns tägliche ehrliche Handarbeit mit Klassikern aus Deutschland und Österreich« bedeutet. Etwas sachlicher übersetzt stimmt es allerdings, dass die Köche mit guten Produkten tadellos umgehen und der Genussfaktor wegen der vielen bodenständigen Gerichte hoch ist. Die mit dem roten Dackel-Symbol des »Joseph« gekennzeichneten Klassiker lohnen sich jedenfalls immer.

Deutsch-österreichische Heimwehküche

Saftige Kalbfleischpflanzerl mit Linsen und Kernöl-Meerrettich-Vinaigrette, knuspriges Backhendl mit Kürbiskernpannade, feiner Tafelspitz vom Eifeler Rind mit Apfelkren, auf den Punkt gegartes Zanderfilet mit Rieslingkraut und zartes original Wiener Schnitzel werden weit unter New Yorker Preisen und sogar für den Rheinauhafen erstaunlich dezent kalkuliert. Das eingesparte Geld wird man dann eben gerne bei der verlockenden Weinauswahl mit deutschem und österreichischem Schwerpunkt wieder los.

Den höchst beeindruckenden Bio-Schweinebraten aus dem Nacken mit Bayrisch Kraut, dunkler Malzbiersauce und Semmelknödeln muss ich unbedingt besonders hervorheben. Bis heute habe ich in unserem gesamten Bundesland noch keinen besseren gegessen. Und sie können sogar auch fein vegetarisch – die dünn geschnittenen Scheiben von Gelber Bete mit Kartoffeldressing und darübergebröseltem Ziegenfrischkäse gefallen mir ebenso wie der Schweinebraten.

Die Marillenpalatschinken fallen sehr fein aus, für den umwerfend locker-luftigen Topfenschmarren mit Rosinen und Mandeln in leichter Karamellsauce sowie Zwetschgenkompott gibt es nur zwei Worte – kolossal und grandios. Der ist zwar für zwei Personen berechnet, reicht aber dicke für drei oder vier, wenn Sie überleben wollen – etwas liegen zu lassen schafft man nämlich nicht. Bleibt in diesem Zusammenhang noch der Hinweis auf die hervorragenden Obstler und darauf, dass das Joseph's im Rheinauhafen in jeder Hinsicht qualitativ konkurrenzlos ist.

Kolossal und grandios: Topfenschmarren

Zwar wird selbst beim Panorama-Blick über den Rhein dieser Fluss noch lange nicht zum East River, aber gefühlt ist man verdammt nah dran.

Kintaro

Friesenviertel
Friesenstr. 16

Terrasse • Hauptgerichte ab 5 • Kartenzahlung
Di–Sa 12–14 und ab 18.30 Uhr, So/Mo ab 18.30 Uhr
Telefon 0221–13 52 55 • www.kintaro.de

Das älteste Sushi-Lokal Kölns

Nein, Schiffchen oder Modelleisenbahnzüge mit Anhängern, von denen man Sushi und Co abnehmen kann, fahren hier glücklicherweise nicht um die Theke. Solchen Kinderkram hat das vor 25 Jahren im Schatten des Doms und damit als erstes Sushi-Lokal in Köln eröffnete Restaurant nicht nötig. Das japanisch-kölsche Ehepaar Takusaburo und Hedwig Arakawa setzt in dem hellen Ambiente auf traditionell zubereitete Spezialitäten, aber eben nicht nur Sushi und Sashimi mit sehr frischem rohen Fisch oder Maki mit Füllungen jeder Art, sondern auch eine ganze Reihe von sehr interessanten kalten und warmen Zubereitungen, die fast durchweg köstlich sind.

Das geht bei den Vorspeisen los mit Spinat, Sesam und Hijiki, fein geschnittene Algen, die leicht süßlich mariniert sind. Der Salat aus verschiedenen Algen ist nur dezent scharf, der knackig bissfeste Oktopus mit grüner Blattalge und Gemüsegurke in einer perfekt abgeschmeckten Essigsauce eingelegt. Dass diese Portionen ziemlich klein sind hat den Vorteil, dass man sich neugierig immer weiter durch die Speisekarte essen kann, bevor

man satt ist, aber den Nachteil, dass sich die Rechnung anschließend zu einem ordentlichen Betrag zusammenläppert. Dafür sind aber die Oktopustentakel, die vorher in Sojasauce und Ingwer mariniert wurden, sorgfältig gegrillt, um dann so zart wie würzig neben frisch geriebenem Meerrettich auf dem Teller zu landen. Oder die Spieße vom Grill: Egal ob mit Rinderleber, mit Bauchspeck umwickelter Lauch oder besonders die Hühnerherzen – der zuständige japanische Koch verwandelt sie mit Engelsgeduld in feinste Delikatessen von sanfter Zartheit.

Für eine lebendige Atmosphäre sorgt das japanisch-kölsche Ehepaar Arakawa

Geduld braucht man als Gast manchmal auch, weil es durchaus einige Zeit bis zum nächsten Gang dauern und bei den Bestellungen manchmal einiges durcheinander geraten kann. Das fängt Frau Arakawa mit ihrem manchmal etwas robusten, kölschen Charme allerdings gekonnt wieder auf. Überhaupt ist die ganze Atmosphäre eine so lebendig amüsante Mischung aus japanischer Zurückhaltung und deutscher Gastlichkeit, dass solch kleinere Unstimmigkeiten nicht ins Gewicht fallen.

Bei den Fleischgerichten lohnt sich der gekochte Schweinebauch mit Spinat im dezenten Sojasaucen-Sud. Der wird auf gut Kölsch neben dem üblichen eingelegten Ingwer und der Wasabipaste mit deutschem Delikatess-Senf garniert, was sogar ganz gut passt. Sehr ungewöhnlich für den europäischen Geschmack, aber nach kurzem Eingewöhnen sehr lecker ist das warme Makrelenfilet mit süßlicher Misopaste, sofort zugänglich ist dagegen das mit Miso marinierte Schweinefleisch, das kurz gegrillt wird.

Traditionell zubereitete Spezialitäten

Japaner lieben auch den im Ganzen gegrillten Makrelenhecht mit frisch geriebenem Rettich, wobei im Ganzen wörtlich zu nehmen ist, denn der etwa zwanzig Zentimeter lange Fisch wird nicht ausgenommen. Ob Sie die Eingeweide nun traditionell mitessen wollen, hängt davon ab, wie viel Japaner in Ihnen steckt. Mir reicht es, dass sie beim Braten eine interessante, fischwürzige Note spielen, und der Fisch lässt sich auf dem Teller sehr leicht filetieren. Selbst der frittierte Tofu in Dashi-Brühe mit geriebenem Rettich ist sogar für Sojaquarkzweifler einen nicht riskanten Versuch gegen die Vorurteile wert, die wunderbar mit Mirin, Sojasauce und Sake ausbalancierte Brühe der (Buchweizen-)Nudelsuppe Kake Soba müsste eigentlich sowieso jedem schmecken.

Natürlich gibt es grünen Tee und verschiedene japanische Biere, aber auch einige gute Weißweine aus Deutschland und Frankreich, die zum Essen passen. Das gilt auch für den warmen Sake in putzigen Trinkbecherchen.

L'Imprimerie

TERRASSE • HAUPTGERICHTE AB 18,50 • MITTAGSMENÜS AB 15,80   BAYENTHAL
DI–FR 12–14.30 UND 18–22.30 UHR, SA 18.30–22.30 UHR   CÄSARSTR. 58
AUSSCHLIESSLICH BARZAHLUNG • TELEFON 0221-34 81 301

Ja, ich kenne sie alle, die Geschichten über die manchmal rüden Verhaltensweisen des Inhabers Gilles Berthier, diesem knorrigen Urgestein der Kölner Gastronomie. Sie werden auch dadurch nicht besser, dass man sie immer wieder erzählt. Abgesehen davon, dass es sich dabei seit Jahren immer nur um etwas andere Darstellungen der drei ursprünglichen Varianten von Rausschmiss, Anschnauzen der Gäste sowie Nicht-im-Garten-sitzen-dürfen-obwohl-warm handelt, habe ich noch nie diejenigen getroffen, denen es tatsächlich selbst passiert ist. Ob sie stimmen, spielt für mich persönlich eh keine Rolle, und Berthier selbst, der eigentlich keine Lust auf Journalisten hat, bestätigt die Geschichten über sich auf Nachfrage pauschal gerne – bis auf eine: Dass ständig (ab-)geschrieben wird, er sei Belgier, nervt ihn kolossal. Kein Wunder, denn er stammt aus Paris.

Zweifellos ist der kauzige Patron mit seinen fast 70 Jahren etwas gelassener geworden, trotzdem schwebt über jedem Besuch dieses Unikums unter den Kölner Restaurants immer noch das Risiko, dass man von ihm angeraunzt wird, wenn man sich nicht an seine Regeln hält.

Schnörkellose traditionelle französische Landküche

Doch nirgendwo anders bekommt man in Köln traditionell französische Landküche so schnörkellos zubereitet wie hier. Topfrische Austern, Bouillabaisse unter der Blätterteighaube, Gänseleberpastete, Kalbsniere in körniger Senfsauce à la Grand-Mère, Enten-Confit mit Sauerkraut, gegrilltes Onglet Bercy mit in Weißwein gedünsteten Schalotten oder Toulouser Bratwurst mit Dijon-Senfsauce sind wahre Meilensteine französischer Esskultur, wie sie in dieser Qualität auch im Ursprungsland selbst nur noch schwer zu finden sind.

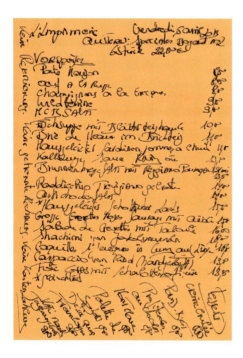

In der Küche regiert seit Jahr und Tag ein Italiener mit kroatischen Vorfahren. Chefkoch Massimo Toplicar verwendet ausschließlich Top-Produkte und schafft es damit immer wieder, ganz wunderbare Gerichte von schlichter Eleganz und grandiosem Geschmack aus der Küche zu schicken. Zum Beispiel die sanften Scheiben der Kalbszunge mit herzhafter Vinaigrette, Zwiebeln und Petersilie oder die große geröstete Scheibe vom Landbrot, auf der nur reife, enthäutete Kirschtomaten unter allerfeinsten, hausmarinierten Sardellenfilets liegen, übergossen mit Olivenöl, dick bestreut mit Kresse und Petersilie. Selbst die großen Sardinenfilets, nur mit Möhren, Gemüsezwiebeln, Olivenöl, Meersalz und grob gemörsertem Pfeffer angerichtet, werden so zur Delikatesse. Edelfische wie Heilbutt oder Loup de Mer sind immer frisch und immer wild gefangen. Zu meinen Favoriten aus dem Meer gehören allerdings die perfekt gegarten Seezungenfilets mit dünn geschnittenen Champignons und einer cremigen Champagner-Sabayon gratiniert. Die rein männliche Servicecrew arbeitet ihr großes Pensum von 120 Plätzen pragmatisch, aufmerksam und freundlich weg, die Weinberatung beschränkt sich mehr oder weniger auf »ja, der ist gut« und »da würd ich lieber den nehmen«.

Und denken Sie besser dran: Nach wie vor gelten die eisernen Berthier-Regeln. Das heißt, es gibt keine Reservierung, keine Kartenzahlung, keine getrennten Rechnungen pro Tisch. Ich habe aber trotzdem sogar schon mal gefragt, ob ich einen anderen Tisch haben könnte, als den von ihm vorgesehenen. Den hab ich tatsächlich bekommen und Berthier hat mich nicht gebissen, theoretisch geht es manchmal also doch.

Es gelten die eisernen Berthier-Regeln

Für mich gehört das alles inzwischen ebenso zum Lokalkolorit wie das charmante Panoptikum dieser alten Druckereihalle im Stil einer französischen Fernfahrerkneipe mit allem Drum und Dran – von den Neonröhren an Stützpfeilern über die alten Bistrodevotionalien bis zu den Dekorationen an Wänden und Fenstern, für die Madame Sylvia Jutrin zuständig ist. Sie ist übrigens auch verantwortlich für die an der Grenze zur Lesbarkeit geschriebene Speisekarte auf orangefarbenem Papier, die allein schon eine Herausforderung für den Gast ist.

Wer das alles nicht mit ein bisschen souveräner Gelassenheit und Humor akzeptieren kann, ist in so einem Lokal sicherlich fehl am Platz – und muss eben auf die absolut göttlichen Desserts in kolossaler Portionierung verzichten: auf den Berg von perfekt knuspriger Meringe, in grobe Stücke gebrochen, gemischt mit frischen Himbeeren und ihrer Sauce, auf die gut fünf Zentimeter hohe Tarte Tatin mit gleichmäßig glasierten Apfelstücken oder auf die sechslagige Blätterteigschnitte, dick mit Vanille-Buttercreme gefüllt.

Göttliche Desserts in kolossaler Portionierung

Ah, mon dieu, wie oft bin ich hier nicht nur vor Freude schon geplatzt.

La Locanda

Südstadt
Zugweg 3

Terrasse • Hauptgerichte ab 19 • ausschliesslich Barzahlung
Di–So ab 18 Uhr
Telefon 0221-31 09 370 • www.ristorantelalocanda.de

Wenn Franco Bernardini selbst so große Portionen essen würde, wie er sie seinen Gästen serviert, wäre er sicher auf Dauer nicht so schlank geblieben. Aber auch seiner zierlichen Frau Milena Vigani, mit der der gebürtige Sarde zusammen kocht, sieht man nicht an, dass bei dieser sehr typischen Trattoria-Küche die entsprechenden Portionsgrößen angesagt sind.

Original sardische Gerichte

Nur darf man Trattoria-Küche hier nicht mit deftig verwechseln, dafür sind die Gerichte trotz offensiven Einsatzes von Olivenöl und Knoblauch zu anspruchsvoll ausgeführt und präzise zubereitet. Da merkt man dann schon noch, dass Bernardini zu Zeiten der Bonner Republik ein angesagtes italienisch-französisches Restaurant führte, in dem unter anderem Willy Brandt seine dritte Hochzeit feierte, bei der es im kleinen Rahmen sehr lebhaft zugegangen sein soll. Falls Bernardini damals schon seine

Spezialitäten aus Sardinien und anderen Regionen Italiens auf demselben Niveau wie heutzutage im La Locanda servierte, werden sie sicherlich auch mit dem Essen sehr zufrieden gewesen sein.

Die drei perfekt gebratenen Jakobsmuscheln in einer leichten Kürbiscreme mit Paprika, Blattspinat und Zucchinischeiben würden ebenso problemlos gehobene Ristorante-Ansprüche erfüllen wie das innen schön rosa gegarte Fleisch vom Salzwiesenlamm als Carpaccio. Solche Vorspeisen wechseln sich mit ganz einfachen, aber nicht weniger bemerkenswerten Gängen ab: zarte Sepia-Ringe in einem Sud mit Weißwein, Kräutern und Knoblauch oder Pulpo mit rohen Zwiebelstreifen auf Pellkartoffeln und gewürzt mit viel Paprika sind sehr empfehlenswerte Beispiele dafür. Auch die bodenständige Pasta wie die Spaghetti vongole oder die Nudeln mit hellem Kalbfleischragout und die Malloreddus mit Auberginen in dicker Tomatensauce sind mehr als nur einen Versuch wert.

Perfekt gebratene Jakobsmuscheln

Auf meiner persönlichen Hitliste stehen zwei original sardische Gerichte ganz oben, die man sonst kaum bekommt. Zum einen natürlich die Spaghetti alla bottarga, also in viel Butter

geschwenkte und reichlich mit dem getrockneten Rogen der Meeräsche bestreute Pasta – intensiv fischig und auf ganz eigene Art sehr ungewohnt und sehr lecker. Außerdem die Pane zichi – dünne getrocknete Weißbrotscheiben, die zunächst wie Nudeln wirken, deren Brotgeschmack dann aber trotzdem durchkommt, wenn man sie mit gebratenen Austernpilzen und viel Petersilie in leicht gebundener Sauce isst. Und gleich noch hinterher passen die herrlichen Seadas, knusprig frittierte, mit Ziegenfrischkäse gefüllte und anschließend mit Honig begossene Teigtaschen, die es leider nicht immer gibt. Wenn nicht, hilft das sehr üppige Tiramisu.

Das alles findet in einer räumlich schön schlicht gehaltenen Trattoria mit freundlichem Service statt. Die Weinkarte ist eher einfach gehalten – von blassen bis süffigen Weißen und fruchtigen bis rustikalen Roten ist alles dabei, man weiß aber nie genau, welchen man gerade bekommt.

Wenn man dann noch im Sommer an den weiß eingedeckten Tischen auf dem schmalen Bürgersteig sitzt, kommt man sich endgültig vor wie in Italien. Obwohl es doch nur die Südstadt ist.

La Société

KEINE TERRASSE • HAUPTGERICHTE AB 29 • MENÜS AB 49 (5 G)
KARTENZAHLUNG • TÄGLICH AB 18.30 UHR
TELEFON 0221–23 24 64 • WWW.LASOCIETE.INFO

KWARTIER LATÄNG
KYFFHÄUSERSTR. 53

Himmel un Äd, Erbsensuppe mit Würstchen und Halver Hahn, dazu ein Kölsch. Mit den Mini-Versionen dieser Gasthausklassiker als Kölsche Tapas startet jedes Essen in dem kleinsten Sterne-Restaurant der Stadt. Gleichzeitig zeigen Küchenchef Dominic Jeske und sein Küchenteam mit diesem augenzwinkernden Auftakt, dass in diesem Lokal einige Dinge locker anders laufen als in der Sterne-Gastronomie üblich. Über die immer leicht schräge und jährlich wechselnde Dekoration des Raumes gibt es ungefähr so viele Meinungen wie Gäste, über die Qualität des Essens dürften sich die meisten einig sein. Die »cuisine créative« hat zwar im Lauf der Jahre gelegentlich die Grenzen verspielter Effekthascherei auf dem Teller ausgetestet, sich aber glücklicherweise wieder dauerhaft auf sinnvolles Kombinieren tadelloser Produkte und ausbalancierte Aromatik eingenordet.

Kölsche Tapas als Auftakt eines schönen Abends

La cuisine créative

Dass darunter spannende Originalität und aufblitzende Überraschungsmomente keineswegs leiden müssen, zeigt die Küche wieder mit einer ganzen Reihe von Gängen, die gerne in Erinnerung bleiben. Dazu gehören Vorspeisen wie die hervorragenden Grafschafter Weinbergschnecken aus einer Zucht im niederrheinischen Moers zu in Sherry mariniertem Pumpernickel und eingelegtem Sommergemüse sowie das superbe, mit knusprigen Schuppen auf der Haut gebratene Rotbarbenfilet im Bouillabaisse-Sud mit Perlgraupen und gebratenem Fenchel. Gerichte wie Flusskrebs mit Spargeleis und Erdbeerragout, Makrele im leicht essiggetönten Gemüsesud mit Linsen in Estragon-Joghurt und knusprig ausgebackene Langustinos neben einer Schnitte aus Krustentiermousse unter Gelee vom grünen Apfel sprühen vor Lust am Experimentieren und machen neugierig auf den nächsten Gang. Wenn dann ein saftiges Stück Schweinebauch mit Kruste folgt, das in einem dezenten Sud mit glasierten Zwiebeln liegt, möchte man fast Beifall klatschen. Dieses Gefühl hält an, denn auch das geschmorte Rindfleisch aus der Hohen Rippe im klassisch dunklen Jus wirkt erstaunlich souverän neben fruchtigem Weinbergpfirsich mit Thymian.

Die Desserts bleiben der generellen Stilistik treu: Aprikose in unterschiedlichen Variationen mit Eisenkraut als karamellisierte Blätter oder Gel mit gerösteten Cashewkernen und Karamelleis

hört sich zwar zunächst riskant an, erfüllt aber alle Ansprüche selbst eines eher traditionellen Süßigkeiten-Fans wie mir, dem es zum süßen Schluss gar nicht üppig genug im Sinne von Sahne, Schokolade und Creme zugehen kann.

Stefan Helfrich, von Beginn an als Restaurantleiter mit dabei, und Sascha Bauer als Sommelier stehen mit dem gesamten Serviceteam für eine lockere und kompetente Bedienung, die den Besuch zusätzlich angenehm macht. Besonders erwähnenswert ist auch die spektakuläre Weinkarte, mit der man wie im Pulheimer Gut Lärchenhof (siehe Seite 110) auf Inhaber Peter Hesselers scheinbar unerschöpflichen Weinkeller mit tollen Weinen aus aller Welt zugreifen kann. Dazu ist Sascha Bauer einer der inzwischen leider wenigen Sommeliers in der Spitzengastronomie, der absolut gastorientiert und verständlich berät, darüber hinaus aber gerne mit eigenen Vorschlägen aufwartet, die zu schönen Entdeckungen führen können.

Sommelier Sascha Bauer findet für jeden Gast den passenden Wein

Nicht nur deswegen trinkt man im La Société eigentlich bei jedem Besuch mehr, als man vorher gedacht hatte – mit relativ kleinem Loch im Portemonnaie und großem Vergnügen.

Landhaus Kuckuck

MÜNGERSDORF LANDHAUS: TERRASSE • HAUPTGERICHTE AB 19,50 • MENÜS 58 (4 G)
OLYMPIAWEG 2 DI–SO 12–14 UND AB 18 UHR
MAÎTRE: KEINE TERRASSE • HAUPTGERICHTE AB 38 • MENÜS AB 99 (5 G)
MI–SO AB 19 UHR
TELEFON 0221-48 53 60 • WWW.LANDHAUS-KUCKUCK.DE

Für viele ältere Kölner ist das Landhaus Kuckuck die idyllische Traditionsadresse des Stadtwaldes schlechthin. Bis heute gibt es im Sommer dort keinen schöneren Ort, um wie bei Muttern an fliederfarben eingedeckten Tischen hausgemachte Kuchen und Torten mit einem Kännchen Kaffee aus feinem Porzellan zu genießen. Die Stammgäste hielten ihrem Kuckuck auch die Treue, als das Landhaus jahrelang nicht nur kulinarisch vor sich hin dümpelte und es auf der Terrasse nur dann lebhaft zuging, wenn wie heute noch vor den Heimspielen des FC das Kölsch in Strömen fließt.

Dann übernahm Erhard Schäfer vor einigen Jahren das Haus und hat seitdem seine gastronomische Qualitätsphilosophie erfolgreich angewandt. Die Tradition des Hauses bewahrt er mit der gemütlich gediegenen, aber auch etwas altmodisch wirkenden Einrichtung. Das stets korrekt mit Anzug, Schlips und Fliege oder Rock und Bluse gekleidete Serviceteam ist eine Mischung aus Erfahrung und Jugend und kümmert sich aufmerksam und freundlich um die Gäste jeder Altersklasse.

Kompromisslos ausgewählte Produkte höchster Qualität

Mit der Speisekarte des Landhaus-Restaurants huldigt Schäfer, der nach Jahrzehnten im Börsenrestaurant in den Stadtwald wechselte, ebenfalls der Tradition gutbürgerlicher, saisonaler Küche in seiner besten Form, was zeitgemäß bedeutet. Ordentliche Portionen, kompromisslos ausgewählte Zutaten und Produkte sowie beste Zubereitung sind die Markenzeichen dieses Urgesteins unter den Kölner Köchen, der glücklicherweise nicht an Butter und Sahne spart, wo es darauf ankommt.

Zum Beispiel nicht beim Kartoffelpüree zur Kalbsleber Berliner Art mit gedünsteten Äpfeln und Preiselbeerkompott und erst recht nicht, wenn hier regelmäßig seine samtige Sauce béarnaise bei verschiedenen Gerichten zum Einsatz kommt. Deswegen sind Schäfers wunderbare Saucen wie der Cognac-Pfeffer-Rahm zum erstklassig gereiften Entrecote mit Kartoffelgratin ein Traum von

Wunderbare Saucen wie Cognac-Pfeffer-Rahm

Aroma und geschmeidiger Konsistenz. Ebenso wie seine Fischgerichte: manchmal nur schlicht in Butter gebratene dicke Filets mit Petersilienkartoffeln und Gemüse, die bei Geschmackspuristen helle Freude auslösen. Das Gleiche gilt für seine umwerfenden Desserts, die bei Schäfer gerne mit edler Schokolade, cremig luftiger Mousse, Obst und feiner Patisserie wie Törtchen und Tartes in unterschiedlichen Varianten das Finale einleiten.

Im Seitenflügel ist das Maître untergebracht, in dem der leidenschaftliche Porschefahrer Schäfer alle Register der Goumetküche zieht: wenn schon Hummer oder wilder Steinbutt, dann eben aus der Bretagne, wenn schon Lamm, dann die Edelexemplare aus dem Sisteron, wenn schon Thunfisch, dann natürlich nur in höchster Sushi-Qualität. Wobei der frankophile Meister, den man nur ganz selten ohne seine standesbewusste Toque auf dem Kopf

Französische Spitzenküche im Maître

antrifft, inzwischen zu Recht durchaus auch die erstklassigen Qualitäten eines reinrassigen Bunte-Bentheimer-Schweins aus dem Münsterland oder eines sauber getroffenen Rehbocks aus der Eifel berücksichtigt. Das ist die große kulinarische Oper der Grande Nation, allerdings zu so vertretbaren Preisen, dass unsere französischen Nachbarn froh wären, wenn sie die noch im eigenen Land bekommen würden.

Barock inszeniert, virtuos aufgeführt und opulent vollendet sind diese Menüs eigentlich ebenso wie klassische Musik – unsterblich.

Le Moissonnier

keine Terrasse • Hauptgerichte ab 39 • Menüs ab 78 • Kartenzahlung
Di–Sa 12–15 und Di–Do ab 18.30 Uhr, Fr/Sa ab 19 Uhr
Telefon 0221-72 94 79 • www.lemoissonnier.de

Agnesviertel
Krefelder Str. 25

Beim Schreiben über das Le Moissonnier stellt sich gleich die Frage, wo man eigentlich genau anfangen soll. Zur Erinnerung: Vor fast dreißig Jahren eröffneten Liliane und Vincent Moissonnier ihr als Weinlokal mit einfachen Gerichten geplantes Lokal in der Krefelder Straße – zumindest damals eine Gegend, die, höflich formuliert, nicht gerade attraktiv war, erst recht nicht für ein französisches Bistro. Alle Wetten in der Nachbarschaft, wie lange oder besser wie kurz die beiden wohl durchhalten würden, sind gescheitert. Zumindest die beiden Moissonniers hatten so nicht gewettet: Bis heute gibt es ihr Restaurant, und die gesamte Szene der Spitzengastronomie zollt dem Ehepaar beständig hohen Respekt, inklusive zweier Sterne in der Feinschmeckerbibel Michelin. Die Gäste, die noch viel wichtiger für das wirtschaftliche Überleben eines Spitzenlokals sind, kommen in Scharen –

Ausgezeichnet mit zwei Michelin-Sternen

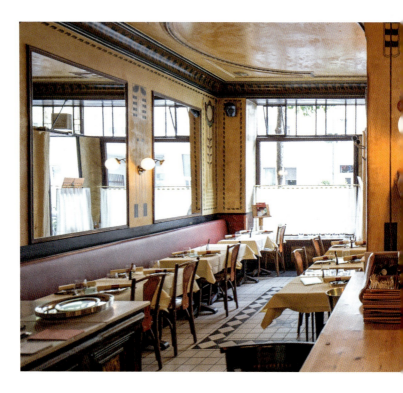

wer hier essen will, sollte für die Reservierung immer im Voraus planen.

Während die anderen mit zwei oder drei Sternen dekorierten Kollegen deutschlandweit darüber rätseln, wie sie ihre meist erheblich weniger besuchten Restaurants ebenso attraktiv gestalten könnten (eine Ausnahme ist das Essigbrätlein in Nürnberg, das nur den Nachteil hat, nicht in Köln zu sein), wüsste ich einige Antworten.

Mit seinen Menü-Preisen unter 100 Euro liegt das sinnlich schöne Jugendstil-Bistro mit den großen Spiegeln und den alten französischen Reklametafeln an den Wänden deutlich am unteren Ende des einschlägigen Preisniveaus anderer Feinschmeckerrestaurants. Vincent Moissonnier und seine aufmerksamen Mitarbeiter pflegen einen professionellen und sehr gästeorientierten Service, allein die Liste an offenen Weinen mit rund vierzig Positionen enthält eine ganze Reihe ungewöhnlicher Weine. Und erst

recht ist das Essen von Eric Menchon ausschlaggebend – als Küchenchef mit seinem Team der Garant für die schon mehr als zwei Jahrzehnte währenden Lobeshymnen. Ursprünglich angetreten, mit seiner »international verrückten« Küche etwas gegen die Langeweile auf dem Teller unternehmen zu wollen, sind es heute handwerklich perfekte, aromatisch ausbalancierte und immer wieder mit überraschenden Akzenten versetzte Gerichte von großartiger Bandbreite. Kulinarisch intelligent, verblüffend eingesetzt und manchmal augenzwinkernd bedient sich Menchon bei seinen Zubereitungen auf klassisch französischer Basis seit eh und je in sämtlichen Küchen dieser Welt und verwendet dabei viele Kräuter und Gewürze. Das mag manchmal zunächst mit all den unterschiedlichen Tellern und Schüsselchen etwas verwirrend wirken, erschließt sich aber fast immer von allein während des Essens. Beispiele vom letzten Besuch: Der gebratene Merlan harmoniert wunderbar mit sehr klein gewürfeltem Ge-

Handwerklich perfekte und aromatisch ausbalancierte Gerichte

müse im Sud zu einem Päckchen von grünem Spargel mit Lardo umwickelt und zartem Ragout von der Messermuschel unter Liebstöckelschaum. Hauchdünne Scheiben vom rosa pochierten Milchkalbfleisch liegen über einem Tatar von Langustinos, Avocado und kleinen Pfifferlingen unter Crème fraîche, dazu Ahornsirup mit Senf und ein knackiger Waldorfsalat unter mit Champagner aufgeschlagener Burrata. Das ist originell und spannend, ohne geschmacklich auch nur ein bisschen fremd zu wirken. Andere Gänge sind wiederum geradezu virtuos inszeniert.

Die gegrillte Kalbsleber unter Couscous mit Kräutern, daneben ein Püree von geräucherter Yamswurzel, Tupfer von Minzöl, knusprig frittierte Zwiebelringe und ein kleiner Salat aus Roter Bete, Knollensellerie und Senfeis. Dann der grandiose Hauptgang: Ein mit Jus lackiertes Kalbsbries, das tatsächlich mit Patschuli-Essenz aromatisiert wurde, auf knusprigem schwarzen und weißen Quinoa-»Müsli« zu Mangold und Bratkartoffeln im Schinkenjus mit elsässischem Meerrettich.

Spektakulär, in sich absolut stimmig und hochgradig innovativ ohne sinnloses Chichi wirft so ein Gericht, dem andere auf der Karte in nichts nachstehen, eigentlich nur noch eine Frage auf, die mal, selbst wenn der Patron schon bei ihrer Andeutung gerne im Sechseck springt, laut gestellt werden muss. Warum hat dieses Restaurant, das auch in der europaweiten Topgastronomie jedem Vergleich mühelos standhält, noch nicht in allen Gourmetführern die längst verdienten Höchstnoten und die drei Sterne? Andererseits kann uns Gästen das ziemlich egal sein, weil wir uns so oder so permanent darüber freuen können, dass wir dieses tolle Ausnahme-Restaurant in Köln haben.

Mandalay

Terrasse • Hauptgerichte ab 10 • Kartenzahlung
Mi–Mo ab 19 Uhr
Telefon 0221-51 01 296 • www.mandalay-koeln.de

Belgisches Viertel
Brüsseler Str. 53

Eine Zeit lang hatte ich dieses unscheinbare Lokal beim Essengehen irgendwie übergangen, aber nachdem ich nun wieder ein paar Mal dort war, wird mir das sicher nicht mehr so schnell passieren. Nach wie vor gehört das fast schon alteingesessene Mandalay zu den besten asiatischen Adressen, die Köln zu bieten hat. Die gelblichen Tapeten und die etwas durchgesessenen roten Polsterstühle sind nun langsam aber sicher etwas in die Jahre gekommen, aber all die Nase rümpfenden Bemerkungen in Internetforen à la Qype und Co sind trotzdem lächerlich. Es ist doch genau das Ambiente, was man auf Reisen in Südostasien als authentisch bezeichnen würde, inklusive des immer mit Blumen geschmückten Schreins, der großen Landesfahne an der Wand und der zahlreichen Porträts der verehrten Friedensnobelpreisträgerin Aung San Suu Kyi.

Eines der besten asiatischen Restaurants in Köln

Das alles zusammen macht die besondere Atmosphäre aus, die offensichtlich viele Gäste sehr zu schätzen wissen – es ist immer einiges los hier. Da kann es schon mal zu etwas längeren Wartezeiten kommen, da die Köchin eben auch bei vollem Lokal unbeirrt sehr sorgfältig bei der Zubereitung vorgeht.

Großartige außergewöhnliche Salate

Das macht sich schon bei den Salaten bemerkbar, die so außergewöhnlich wie gut sind. Allen voran der Salat auf Basis fein geschnittenen Chinakohls mit fermentierten grünen Teeblättern, kleinen Kürbiskernen, gehackten Cashew- und Erdnüssen sowie knusprigen Knoblauchchips. Genauso gelungen ist eine ähnliche Variante mit entkernten Tomatenschnitzen anstelle der Teeblätter und frisch geriebenem Ingwer im Dressing oder der lauwarme, leicht geschärfte Nudelsalat mit Krabbenbrot und zartem Hühnchenfleisch. Knoblauch, frischer Koriander und Ingwer sind oft im Spiel, beim Schärfegrad warnen Besitzer Myint Swe und seine beiden freundlichen Kollegen im Service detailliert vor. Ich bevorzuge sowieso maximal pikant, weil die unterschiedlichen Aromen der jeweiligen, immer individuell gewürzten Zutaten dann viel bes-

ser zur Geltung kommen können, wie zum Beispiel beim sehr dezent mit wenig Soja- und Austernsauce abgeschmeckten Wokgemüse zu großartigem feinporigen goldgelb gebratenen Tofu. Etwas schärfer wird es beim Hühnchen nach Art des Hauses in einer rötlichen Spezialsauce, würzig bei den marinierten Rindfleischwürfeln zu Okraschoten und Kichererbsen in rotem Curry und sehr gemüsig beim saftigen Fischfilet à la Swe unter vielen Gemüsezwiebeln und Tomaten, die dezent mit Curry abgestimmt sind. Immer wieder ein Genuss ist die tolle, hausgemachte Erdnusssauce zur dicken Entenbrust mit knuspriger Haut, die ich mir deswegen auch schon mal zusätzlich zum Rindfleisch-Bulgogi bestellt habe.

Die hausgemachte Erdnusssauce ist immer ein Genuss

Dem Lachen des Kellners nach zu urteilen, ist das wohl ein absolutes No-Go für einen Burmesen, aber ich fand es super. Eigentlich ist alles in diesem sehr entspannten Lokal ein großes Vergnügen, sogar die blütenweißen Stoffservietten.

Riphahn

Innenstadt
Apostelnkloster 2

Terrasse • Hauptgerichte mittags ab 8, abends ab 16 • Kartenzahlung
Täglich ab 9 Uhr
Telefon 0221–99 87 45 77 • www.riphahn.com

Schnörkellos zubereitete französische Landküche

Nach fast 25 Jahren, in denen sie zuerst mit dem bei damaligen Stammgästen legendären Restaurant Anders und anschließend mit dem sehr beliebten Zeit der Kirschen in Ehrenfeld außergewöhnliche gastronomische Akzente setzten, sind Thomas Tump und Uwe Hammes in der Innenstadt angekommen. Das Konzept ihres neuen Café-Restaurants an der Hahnenstraße in direkter Nähe zu St. Aposteln entspricht dem der beiden Vorgänger: Preiswerter Mittagstisch, selbst gebackener Kuchen und generell eine unaufgeregte, schnörkellos zubereitete Landküche nach französischer Art, wie es sie in der Innenstadt bisher so nicht gab, und das zu sehr angemessenen Preisen. Das nach dem für diesen Stadtbereich maßgeblichen Architekten benannte Riphahn im denkmalgeschützten Gebäude erinnert dabei auf zwei hellen Etagen mit seiner puristischen Ausstattung durchaus ein wenig an das ehemalige Anders: schlichte Designermöbel wie die Stuhl-Klassiker aus hellem Holz und die filigran wirkenden viereckigen Tische, zusätzlich das insgesamt original 1950er-Jahre-Ambiente mit Stäbchen-Parkett und Goldmessing am Handlauf der Treppe zum ersten Stock, an der Eingangstür und an den Rahmen der großen Fenster. Das ist so zeitlos wie einladend gemütlich, und wenn es erst einmal die lange geplanten, gelb-weiß gestreiften Markisen gibt, dann wird das Lokal auch von außen so schön sein wie von innen.

Speisen im 1950er-Jahre-Ambiente

Auf den Tellern findet sich genau das wieder, was auf der Karte steht: ein wachsweich pochiertes Ei auf in sehr feine Streifen geschnittenem Endiviensalat mit dünnen, knusprig gerösteten Brotscheiben. Eine dicke Scheibe aus der Wildterrine im Speckmantel mit einem lauwarmen Salat vom Rotkohl mit süß-nussigen Akzenten von karamellisierten Walnüssen. Der zarte Kalbstafelspitz in dünnen Scheiben ist innen perfekt rosa, die gescheibelten Schwarzwurzeln dazu sind al dente und harmonieren prächtig mit den Estragon-Gnocchi. Die wie mit dem Lineal von der natürlichen Geleenaht durchzogene Tranche von der Rinderschulter in ihrer großartigen Schmorsauce zu Spitzkohl und gebratenen Serviettenknödeln ist gutbürgerliche Küche par excellence. Für den kleinen Hunger zwischendurch eignen sich die immer angebotenen Quiches, wie die tadellose Lauchquiche oder die mit mildem Schafskäse und Fenchel, oder Gerichte wie der gemischte Salat mit Tintenfischringen, der ungewöhnliche Eintopf vom Lamm mit geräucherten Würstchen, Wachtelbohnen und Nudeln als Einlage oder der mit Ziegenkäse gratinierte grüne Spargel. Kenner der Materie dürfen sich über eine sehr feine Lammzunge auf schwarzen Linsen oder Kalbszunge mit Bohnenragout freuen und darüber, dass Innereien immer mal wieder auf der Speisekarte auftauchen.

Wie beim Fleisch kommt auch beim Fisch zur Geltung, dass Uwe Hammes großen Wert auf die Qualität der Zutaten legt und

Eine Delikatesse ist das Kabeljaufilet auf Brunnenkresse-Risotto mit grünen Erbsen

die Köche fast immer die jeweiligen Garzeiten exakt einhalten. So wird das dicke Kabeljaufilet auf Brunnenkresse-Risotto mit grünen Erbsen zur Delikatesse. Vegetarier finden einige ernährungspolitisch korrekte Angebote auf der Speisenkarte, wobei die Gerichte für den Geschmack eines Allesessers wie mir manchmal etwas zu bieder sind: Der handwerklich einwandfrei zubereitete Strudel mit knusprigem Teig schmeckt mit Mangold, getrockneten Tomatenstücken und relativ festem Süßkartoffelpüree dann doch etwas zu sehr nach Bioladen.

Bleibt noch zu erwähnen, dass unter allen empfehlenswerten Kuchensorten die Tarte au citron schon seit Anders-Zeiten zu Recht Kultstatus hat und der kräftige Kaffee von der Ehrenfelder Bio-Rösterei Van Dyck stammt.

Die ordentlichen Weine runden das Bild eines reizvollen Innenstadt-Lokals prima ab, und zum Digestif gönnen Sie sich ruhig mal eine echte kölsche Spezialität, die bisher kaum bekannt ist: ein feiner, im Holzfass gelagerter Weizenbrand von Sünner.

Rocíos

SÜDSTADT TERRASSE • HAUPTGERICHTE AB 18 • AUSSCHLIESSLICH BARZAHLUNG
ELSASSSTR. 30 MO–SA AB 18 UHR
TELEFON 0221-16 82 66 25

Eines der interessantesten Lokale der Stadt

Die einzige Schwierigkeit bei diesem insgesamt außergewöhnlichen, sympathischen Lokal besteht darin, den Stil der Küche zu erklären. Generell gibt es typisch spanische Spezialitäten, die man landläufig Tapas nennen würde. Da diese Bezeichnung in Köln aber fast durchweg mehr für schrecklich banale Kleinigkeiten von durchschnittlichem Imbissbuden-Niveau in trendwütigen Tapasbars steht, kann ich ihn hier nicht guten Gewissens verwenden. Das geht auch deswegen nicht, weil die Portionen größer als Tapas sind und mehr dem entsprechen, was in Spanien »raciones« genannt wird, also eher einer ordentliche Vorspeise sind. Außerdem ist hier nicht alles spanisch, was einem spanisch vorkommen könnte, denn die Köchin Rocíos Ruiz Mendizábal, die mit einem kleinen Team in der offenen Küche alles frisch zubereitet, stammt aus Peru. Das macht sich beim Ceviche, der bekanntesten Spezialität des Landes, bemerkbar – dem offensiv mit viel Limone roh marinierten Fisch mit viel frischem Koriander. Die Spieße mit Würfeln von vorher mariniertem Kalbsherz zu mit Kreuzkümmel gewürzten Möhren und Zucchini haben ebenso südamerikanischen Ursprung wie die Zuberchtungen von präzise gegartem Haifisch oder Rochenflügel mit Gemüsezwiebeln und anderem Gemüse im würzigen Sud.

Südamerikanische Köstlichkeiten

Richtig spanisch geht es trotzdem bei den anderen, manchmal kleineren, manchmal größeren Raciones zu, die bei den Zutaten natürlich an Tapas erinnern, in dieser Produktqualität und so gekonnt abgeschmeckt anderswo in Köln schlichtweg nicht zu bekommen sind. Dazu gehören die kleinen gebratenen Paprika, Schwertmuscheln aus der Pfanne oder panierte Streifen vom großen Tintenfisch, die so zart sind, dass sie endlich mal nicht an Gummiringe erinnern. Noch spannender wird es bei den Spezialitäten, die man in dieser Qualität kaum woanders bekommt: erstklassige, in Knoblauch und Olivenöl marinierte Anchovis auf Tomatenscheiben, hauchdünn geschnittenes, luftgetrocknetes Filet vom Thunfisch auf angeschmorten Tomaten, pikante schwarze Bohnen mit Muscheln und der unvergleichliche Ibérico-Schinken von Eichelmast-Schweinen. In Richtung mediterran geht es bei Avocado-Salat mit  geräuchertem Lachs oder bei den leckeren Fleischbällchen in pikanter Tomatensauce. Meistens kommt man mit drei bis vier Portionen zum Sattwerden klar, was insgesamt problemlos im angemessen preislichen Rahmen bleibt. Das gilt auch für die wenigen Hauptgerichte auf der Speisekarte wie geschmorte Haxe vom Salzwiesenlamm oder rosa gebratenes Entrecote, die immer mit gegrilltem Gemüse und Rosmarinbratlingen als Beilagen serviert werden.

Rocíos' deutscher Lebensgefährte Johannes Mertens ist ursprünglich Architekt, nun zusammen mit jungen spanischen Kellnern für den Service zuständig und hat dem hohen Raum mit den zum Teil unverputzten Backsteinwänden, den hellen Holztischen in unterschiedlicher Höhe und Länge sowie dem großen Klimbim-Kronleuchter im Eingangsbereich ein klar strukturiertes, sehr einladendes Ambiente verpasst. Er verantwortet auch die ungewöhnliche Weinkarte mit vielen spanischen Weißen und Roten, die aus nicht so bekannten Regionen kommen.

Klar strukturiertes, sehr einladendes Ambiente

Da Mertens zusammen mit Rocíos viele Jahre in Spanien, davon einige in Barcelona, gelebt hat, ist es kaum verwunderlich, dass die gesamte Atmosphäre so lebendig locker wie südländisch ist und sich beide gerne über die gastronomische Kommunikation hinaus mit den Gästen unterhalten. Wobei es gerade die ansteckend liebenswürdige und meist strahlend gut gelaunte Rocíos schon wegen ihres quicklebendigen Naturells nie den ganzen Abend nur in der Küche aushält.

Da also kölnweit ein qualitativer Vergleich mit anderen spanischen Lokalen mangels Alternativen auf diesem Niveau ausfällt, kann ich es besser so sagen: Das Rocíos gehört zweifellos zu den interessantesten Lokalen der Stadt und ich kann es eigentlich gar nicht genug empfehlen.

Saigon Phố

KEINE TERRASSE • HAUPTGERICHTE AB 8 • KARTENZAHLUNG
MO–SA 11.30–15 UND AB 18 UHR, SO/FEIERTAGE AB 18 UHR
TELEFON 0221-44 77 50 • WWW.SAIGON-PHO.DE

SÜLZ
BERRENRATHER
STR. 359

Es hat ein paar Jahre gedauert, bevor die Sülz-Bewohner wirklich entdeckt hatten, dass in ihrem kulinarisch wenig auffälligen Stadtteil etwas Außergewöhnliches passiert war. Da nämlich übernahm Van-Hiep Tran, ursprünglich aus Saigon, aber schon lange in Köln, das vorherige Ristorante Barolo und machte daraus mit seiner Frau Thi-Thu-Nguyet ein vietnamesisches Spezialitätenlokal ersten Ranges.

Ein vietnamesisches Spezialitätenlokal ersten Ranges

Glücklicherweise haben die beiden die wirtschaftlich schwierige Anlaufphase heil überstanden und so kann man hier weiterhin so zuverlässig gut essen wie in nur ganz wenigen asiatischen Restaurants in Köln.

Die Einrichtung ist eine Volldosis in Sachen gemütliches Bambusmobiliar, echten und künstlichen Blumen, großen und kleinen Bildern sowie dem quirligen Yorkshireterrier Lilly, der

gelegentlich durch das Lokal fegt. Der freundliche Herr Hiep ist zwar etwas langsamer als sein Fiffi, wirkt manchmal etwas zerstreut, und anfangs war ich mir nie ganz sicher, ob er mich wirklich versteht, obwohl er gut Deutsch spricht. Manchmal vergisst er zusätzliche Servietten, die kleinen Teller zu den Vorspeisen oder eine Getränkebestellung, aber genau das trägt zum ganzen sympathisch-kuriosen Touch dieses Restaurants bei.

Verzicht auf industrielle Geschmacksverstärker

Seine Frau in der Küche ist jedenfalls immer konzentriert und bestätigt mit ihrer genauen Art zu kochen, was die Qualität der vietnamesischen Küche generell ausmacht: viele frische Kräuter, zurückhaltender Einsatz von Fisch- und Sojasaucen und, wenn überhaupt, nur hintergründige Schärfe. Dass Frau Nguyet dazu vollständig auf den zusätzlichen Einsatz von Glutamat und anderen industriellen Geschmacksverstärkern verzichtet, trägt außerdem zum feinen Geschmack ihres Essens bei.

Da ich hier schon alles gegessen habe, beschränke ich mich auf eine Auswahl meiner Favoriten. Immer auf der Karte stehen Vorspeisen wie die sehr knusprigen, mit Schweinefleisch, Morcheln und Glasnudeln gefüllten Frühlingsrollen und die mit Garnelen, Schweinefleisch, Kräutern wie Shiso, Thai-Basilikum und Reisnudeln gefüllten Glücksrollen zur sämigen Bohnensauce. Großartig sind die mit Krabben gemischten Süßkartoffelschnitze, die ähnlich wie Krapfen frittiert werden, und natürlich Bo la lot, in wilden Bethelblättern eingerolltes Rinderhack mit drübergestreuten gehackten Erdnüssen – eine besondere Spezialität mit ganz eigenem Geschmack.

Bei den Hauptgerichten überzeugen die Entenbrust mit grünen Bohnen und anderen Gemüsen in leicht scharfer, mit Kokosmilch abgerundeter Currysauce und der deutlich mit Sternanis gewürzte und in Scheiben geschnittene Spanferkelbauch zu Reisnudeln, Salat und frischen Kräutern. Bei den Salaten sollten Sie den ziemlich scharfen Papayasalat mit Garnelen und Schweinefleisch versuchen oder, etwas ungewöhnlicher, die mit Sesam bestreute Mischung aus Meeresalgen, Glasnudeln, Möhren und Lauchzwiebeln. Außerdem lohnt sich der Blick auf die aktuellen Angebote der kleinen Schiefertafeln auf den Tischen. Die gedämpfte Dorade mit asiatischen Morcheln und frischem Ingwer ist so schonend gegart wie die kurz gebratenen, sehr zarten Tintenfischstücke mit Tomaten, Staudensellerie und Gurken. So einfach wie lecker ist der gedünstete Wasserspinat mit Rindfleisch in würziger Sojasauce. Es gibt offene Weine, aber warum nicht mal ein Saigon Bier? Und nach dem Essen einen Nep Moi, den vietnamesischen Schnaps aus vergorenem Klebreis?

In Sülz wissen sie also jetzt Bescheid, aber dieser vietnamesische Leuchtturm unter den asiatischen Lokalen der Domstadt signalisiert eigentlich hell genug bis in die anderen Stadtteile, dass er der einzige seiner Art in Köln ist.

Großartig sind die mit Krabben gemischten Süßkartoffelschnitze

SORGENFREI

BELGISCHES VIERTEL
ANTWERPENER STR. 15

KEINE TERRASSE • HAUPTGERICHTE 16–25
MENÜS MITTAGS 16, ABENDS 35–43 • KARTENZAHLUNG
MO–FR 12–14.30 UND AB 18 UHR, SA AB 18 UHR
TELEFON 0221-35 57 327 • WWW.SORGENFREI-KOELN.COM

Die Weinkarte ist zweifellos der Star dieses hübschen Bistros

Die Weinkarte ist zweifellos der Star dieses locker und einladend ausgestatteten Bistros in direkter Nähe zum Friesenplatz. Rund 120 Flaschenweine und etwa 30 offene findet man in ihr, allesamt sehr kompetent ausgesucht und zu fairen Kursen aufgelistet. Neben bekannten Winzern aus Deutschland, Italien und Frankreich trauen sich Restaurantchefin Isa Wilden und ihr Mann Ronni Hoffmann, dem der ebenfalls sehr empfehlenswerte Weinladen nebenan gehört, glücklicherweise auch immer wieder, nicht so bekannte Weine anzubieten. So kann man feine, restsüße Rieslinge aus Deutschland ebenso entdecken wie einen fruchtigen roten Maury aus Südfrankreich mit feinem Schokoladenaroma. Oder Sie können feststellen, dass es inzwischen auch wieder Valpolicella gibt, der wie richtiger Wein schmecken kann. Probierschlucke vorher gehören hier zum Programm, ebenso wie der

Probierschlucke vorher gehören zum Programm

ausgesprochen kommunikative und freundlich flotte Service der jungen Frauen, die bestens Bescheid wissen. Das macht es umso verlockender, abends mal einfach nur auf ein Gläschen Wein oder eine Flasche nach Konzert oder Kino vorbeizukommen.

Doch das Essen lohnt sich ebenfalls. Zwar übertreibt es Küchenchef Bastian Dornauf manchmal mit etwas zu viel Anrichtungsakrobatik à la Pesto- oder Balsamicokleckse und aromatisierten Schäumchen oder mit dem Kräuter-Überkrusten von Fisch und Fleisch, aber handwerklich und in puncto Produktqualität überzeugt er problemlos. Blumenkohlmousse mit Kümmelbiskuit, Apfel und Gurke, Steak vom saftigen Duroc-Schweinerücken mit soufflierter Blutwurst und dicken Bohnen, mit Wildschweinragout gefüllte Maultaschen zu Sauerampfer und Portu-

Moderne saisonal ausgerichtete Bistroküche

lak, Piccata von der Entenleber, Maishähnchenbrust auf Risotto mit würziger Chorizo neben sautierten Kräuterseitlingen – das ist einwandfreie moderne Bistroküche, die sich saisonal immer wieder neu orientiert. Klassisch angelegte Desserts wie Armer Ritter mit Buttermilcheis oder Himbeer-Cupcake mit Eierlikörcreme runden ein Essen schön üppig ab. Mittags gibt es sehr preiswerte Zwei-Gänge-Menüs und dazu passende Weinempfehlungen der leichteren Art, ansonsten lockt zu jeder Tageszeit der urfranzösische Klassiker des Hauses, Steak Frites mit abgehangenem Fleisch vom argentinischen Entrecote (und zwar immer vom echten Stück mit Fettauge), dazu erstklassige Fritten und die wunderbare Sauce béarnaise. Für mich gerne mit einem Blaufränkisch aus Österreich.

VELTRI Gastronomia Colonia

INNENSTADT
KOLUMBAHOF 2

TERRASSE • HAUPTGERICHTE AB 14 • KARTENZAHLUNG
MO–SA 12–21 UHR
TELEFON 0221–27 26 38 56

Ein sonniger
Kurzurlaub vom
Kölner Alltag

Dieses absolut authentische Fleckchen italienischen Lebensgefühls und südländischer Esskultur liegt etwas versteckt im Kolumbahof hinter dem Kunstmuseum des Erzbistums Köln, aber wenn man es erst einmal gefunden hat, möchte man immer wieder hin. Der aus dem süditalienischen Salerno stammende Antonio Veltri und seine Lebensgefährtin Gracia aus dem norditalienischen Bergamo, die sich vor 25 Jahren am Lago Maggiore kennenlernten, sind zwei gastronomische Überzeugungstäter, die in ihrem Lokal kompromisslos ihre Vorstellungen von typisch italienischer Küche umsetzen.

Antonio Veltri setzt auf seine kleine, täglich wechselnde Karte nur Gerichte aus frischen Top-Produkten, die er jeden Morgen in kleinen Mengen auf dem Kölner Großmarkt kauft. Fleisch gibt es eher selten und wenn, dann könnten es Lammrücken mit Rosmarin, Filetspitzen vom Rind mit Artischocken und Kalbsleber mit roten Zwiebeln sein. Die Schwerpunkte des Angebots liegen bei Fisch und anderem Meeresgetier sowie bei Huhn und Kaninchen.

Wie sie dann letztendlich zubereitet werden, entscheidet sich jeden Tag wieder neu und hängt eben auch von dem jeweiligen Gemüseangebot ab, für dessen richtige Kombination und Garzeit Antonio, der mit einem Helfer in der kleinen Küche alles selbst macht, eine sichere Hand und ein sensibles Gespür hat. Schwertfisch ist zum Beispiel immer ein Hochgenuss, weil er niemals trocken ist, egal ob als dicke Tranche à la Siciliana mit vielen Gemüsezwiebeln, Auberginen und Tomaten in einem würzige Sud, mit kleinen kurz gedünsteten Zucchini oder als Stückchen im Sugo mit Olivenöl zu Penne. Kabeljau serviert Antonio als Eintopf mit viel Gemüse, die Kaninchenkeule ist mit frischen Kräutern gefüllt, Knoblauch setzt er gerne deutlich, aber nie übertrieben ein. Klassiker wie Lasagne und Spaghetti vongole wechseln sich ab mit einem Vitello tonnato aus sehr zartem, rosa pochierten Kalbfleisch unter cremiger Thunfischsauce mit Kapern und Pennette mit intensivem Olivenöl, Knoblauchscheiben und kleinen Calamari, leicht geschärft von frischen Peperoncini.

Doch es sind nicht nur die weit überdurchschnittliche Qualität des Essens und die einwandfreien Weine, die das Veltri so angenehm machen, sondern die ganze Atmosphäre. Die beiden lebenslustigen Italiener haben ihr helles Lokal mit so viel Liebe zum Detail und sinnlichen Accessoires ausgestattet, wie man es eben sonst nur in ihrem Heimatland selbst erleben kann. Die von einem Düsseldorfer Künstler gezeichnete Hühnergesellschaft an der Wand, die warmen Farben des Bodens und der gefliesten Wände, die himmelblau gestrichene Decke und die bunten Schüsseln auf und in der großen Antipasti-Theke wirken zusätzlich stimmungsfördernd. Überhaupt muss ich noch einmal auf die Antipasti zu sprechen kommen: So farbenfroh wie unwiderstehlich sind sie ein Streifzug durch das einschlägige Vorspeisen-Universum und natürlich wie alles andere von höchster Frische und Qualität.

Nicht zuletzt sind Antonio und Gracia zwei herzliche Menschen mit ganz eigenem Charakter, die in jeder Hinsicht offen auf ihre Gäste zugehen und gerne mit ihnen ins Gespräch kommen, ohne sich irgendwie anzubiedern oder vereinnahmen zu lassen. Die beiden und ihr ganzes lustiges Lokal erzeugen bei mir sofort gute Laune, wenn ich nur an sie denke, sodass ich direkt wieder hin will – es ist wie ein sonniger Kurzurlaub vom Kölner Alltag, selbst mitten im Winter.

Helles Lokal mit viel Liebe zum Detail

WACKES

Keine Terrasse • Hauptgerichte ab 17 • Menüs ab 36 • Kartenzahlung Innenstadt
Täglich ab 17.30 Uhr Benesisstr. 59
Telefon 0221-25 73 456 • www.wackes-weinstube.de

Passend zum 30. Jahrestag seines Bestehens hat der gebürtige Lothringer Romain Wack in seinem original nachgebauten Elsass-Gasthaus mit der bunten Fassade und der rotweiß gestreiften Markise noch einmal für einen richtigen Qualitätsschub gesorgt. Vier junge Köche, alle mit Erfahrung in Sternerestaurants, liefern nun durchweg gekonnt ausbalancierte Gerichte, wobei in dem Traditionshaus neben geschmacklichen Feinheiten auch sinnvolle moderne Akzente eine Rolle auf den Tellern spielen. Trotzdem wird hier natürlich weiterhin die kulinarische Flagge einer entfernten Genießerregion gehisst, die mit ihren typisch deftigen Spezialitäten vor allem in den kalten Jahreszeiten besonders attraktiv wirkt.

Der beste Flammkuchen der Stadt

Das beginnt schon beim besten Flammkuchen der Stadt: immer mit sehr knusprigem Teig mit Roggenmehlanteil, vom Klas-

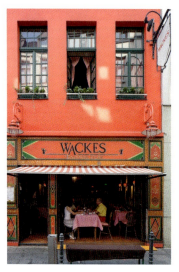

Herrliche Gasthausküche auf höchstem Niveau

siker mit Speck und Zwiebeln bis hin zu der deftigen Variante mit herzhaftem Munsterkäse. Dazu passen nicht nur die offenen Weine aus der Karaffe, sondern auch das sehr süffige Elsässer Bier La Perle. Die hervorragende Entenstopfleberterrine mit Würfeln vom Apfelgelee können Sie ruhig zu zweit bestellen, damit anschließend unbedingt noch mehr reingeht.

Die großen und wegen ihrer deutlichen Konturen klar als solche erkennbaren Froschschenkel in viel Butter und Kräutern sind sicher nichts für zart besaitete Gemüter, aber fein geröstet und zart. Die herzhaft gewürzte Kartoffelbratwurst auf Linsensalat in Senfsauce würde ich am liebsten immer bestellen, die saftige Perlhuhnbrust mit knuspriger Haut auf sahnigem Riesling-Sauerkraut mit Trauben, winzigen Speckstückchen und Croutons gehört in dieser Zubereitung zum besten, was man in Köln als Geflügelgericht bekommen kann. Das alles ist schlichtweg herrliche Gasthausküche auf höchstem Niveau.

In der Abteilung »Elsass innovativ« können Sie über ein gefülltes Sole-Ei zur sahnigen Mousse von grünem Spargel ebenso staunen

wie über den Salat von dünn gehobelter Roter Bete auf einem fruchtig grünen Apfelgelee mit zarter, warmer Wachtelbrust, bei der Räucheraromen mitschwingen. Selbst das teuerste Gericht auf der Karte, der ausgelöste und perfekt gegarte Rehrücken im subtilen Jus mit gebratener Süßkartoffel und in italienischen Lardo gewickelten Pflaumen, ist jeden Euro wert. Bei den Flaschenweinen lassen Sie sich am besten vom Gastgeber selbst beraten, insbesondere bei den Elsässer Weinen.

Insgesamt ist es schon sehr bemerkenswert, wie dieser nach Jahrzehnten in der Gastronomie immer noch sehr umtriebige Wackes keine Ruhe gibt, sondern im Gegenteil so kraftvoll auf die qualitative Offensive setzt.

Die Froschschenkel sind sicher nichts für zart besaitete Gemüter

Wein am Rhein

Innenstadt
Johannisstr. 64

Keine Terrasse • Hauptgerichte ab 18 • Mittagsmenüs 19,80 (3 G)
Abendmenüs ab 48 (4 G) • Kartenzahlung
Di–Fr 12–14 und Di–Sa 18–22 Uhr
Telefon 0221-91 24 88 85 • www.weinamrhein.eu

Die gesamte Einrichtung des großen, durchdesignten Restaurants mit der voll verglasten Front ist dem Wein gewidmet: dunkelgrauer Schieferboden mit eingelegtem Gestein aus den besten europäischen Top-Lagen, sehr bequeme rote Drehstühle aus durchsichtigem Kunststoff, deren Struktur an zerbrochene Weingläser erinnert, und drei riesige, ausdrücklich nicht von Kindern in Nepal handgeknüpfte Wandteppiche, die in leuchtenden Farben Weinberge zu unterschiedlichen Jahreszeiten darstellen.

Hochwertige Rieslinge aus deutschen Landen

Das ist genau die richtige Bühne für einen enthusiastischen Weinliebhaber wie Werner Bouhs, der seiner Leidenschaft mit einer Weinkarte von rund 1.000 Positionen frönt. Besonders bei den hochwertigen Rieslingen aus deutschen Landen ist sie neben den exklusiven Hausabfüllungen eine Fundgrube mit vielen perfekt gereiften Flaschen.

Aber auch andere Regionen, andere Länder und andere Traubensorten kommen nicht zu kurz – dafür sorgt Melanie Panitzke. Sie ist der Glücksfall einer Sommelière, die sich nicht nur fundiert auskennt und gerne verständlich Auskunft über die Weine gibt, sondern präzise und trotzdem offen für Gästevorlieben berät. Zusammen mit der professionell und herzlich auftretenden Restaurantleiterin Miriam Preiser bilden die drei in diesem etwas versteckt hinter dem Hauptbahnhof gelegenen Tempel der Weinkultur sicherlich das führende Trio der Stadt, wenn es um kulinarische Rundumversorgung in sehr angenehmer Atmosphäre geht.

Perfektes Ambiente für gepflegte Geschäftsessen

Das Küchenteam mit dem jungen Chefkoch Rudolf Mützel schickt so köstliche Gerichte an die Tische, dass man keinesfalls nur wegen der Weine kommen sollte.

Selbst im Sommer ist das Wein am Rhein trotz fehlender Terrasse wegen der weit zu öffnenden Schiebefenster eine schattige Frischluft-Alternative zum Draußen-Sitzen in der häufig schwülen Innenstadt und stilistisch perfekt für gepflegte Geschäftsessen. Mittags gibt es für wenig Geld zusätzlich zur Speisekarte gehobene Gasthausküche wie geschmorte Roulade über gesot-

tene Ochsenbrust bis hin zu Kalbsfrikadellen, die dem gesamten Niveau des Essens entsprechen: bei Produktqualität und Zubereitung herrscht dieselbe Sorgfalt, egal ob beim Fleisch, Fisch oder beim Gemüse, und klare Strukturen kennzeichnen die Teller. Auch die raffinierten Gerichte haben immer geschmackliche Bodenhaftung und machen sofort Lust auf mehr. Lauwarmes Carpaccio vom Hämchen mit dezent geräucherten Speckwürfelchen in leicht gebundener Vinaigrette bilden eine gelungene Hommage an das Rheinland, Sashimi von der erstklassigen Gelbschwanzmakrele mit frischer Papaya und angeschärfter Glasnudelsalat mit Algen sind eine reizende Annäherung an Asien. In Butter und geriebenen Haselnüssen gewälzte Gnocchi, mit Fontina gratiniert und mit einer Cremolata aus gehackter Petersilie und Zitronenschale, spielen durchdacht und originell mit italienischen Akzenten. Die dick geschnittene Tranche vom Heilbutt harmoniert prächtig mit jungem Mangold und frittierten »Pommes« aus gestockter Kichererbsenmasse.

Und obwohl alle Desserts wunderbar der üppigen Klassik huldigen, bestelle ich dann doch wieder die überirdischen Armen Ritter aus buttriger Brioche mit dieser unfassbar schlotzigen Vanillesauce und je nach Saison unterschiedlichen Beilagen wie Früchten oder hausgemachtem Eis. Ich kann nicht anders.

Überirdisch gute Arme Ritter

Zhing-Sam

Südstadt
Sachsenring 3

Terrasse • Hauptgerichte ab 7 • Kartenzahlung
Täglich ab 18 Uhr, Mo–Fr auch 12–15 Uhr
Telefon 0221-80 14 008 • www.zhing-sam-koeln.de

Verzicht auf Glutamat

»Platz des ruhigen Herzens« bedeutet der Name dieses etwas versteckt am südstädtischen Sachsenring gelegenen Lokals. Dass es eines der wenigen asiatischen Lokale in Köln ist, die ich Ihnen ruhigen Gewissens empfehlen kann, hat viel mit der vietnamesischen Familie zu tun, die in sehr entspannter Atmosphäre für das Wohl ihrer Gäste sorgt. Neben der Sympathie für die freundliche Chefin Yuki Man und ihre lustige Schwester Ching Vuong im immer gut organisierten Service schwingt allerdings ebenfalls sehr stark die Vorfreude dabei mit, wie sorgfältig Bruder Hoa Huynh kocht.

Da stimmen die Garzeiten von Fleisch, Geflügel und Gemüse, da bleiben die Aromen von Kräutern und Gewürzen immer in der geschmacklichen Balance, da wird nichts mit Saucen überschwemmt. Wobei der völlige Verzicht auf Glutamat, selbst bei eingesetzten Zutaten wie etwa Soja- und Fischsauce, eben gar nicht hoch genug einzuschätzen ist – nur so kann sich die Feinheit der Gerichte langsam von alleine im Mund entwickeln.

Im Einzelnen: vegetarische Frühlingsrollen, Käsebällchen, gehackte Garnelen, umhüllt von Nudelstreifen, und großformatige vietnamesische Frühlingsrollen mit Schweine- und Shrimpsfüllung – alles in frischem Fett knusprig gebacken. Die außergewöhnlichen gedämpften Reismehltaschen, gefüllt mit Huhn und Morchel, bedeckt mit viel frischem Thai-Basilikum und in einer süß-sauer, leicht scharfen Vinaigrette, verdienen einen besonderen Hinweis.

Bei den Hauptgängen ginge dieser zum Beispiel an die leicht panierten, sehr zarten Pulpostücke in einer feinen, nur mäßig scharfen Sauce mit Knoblauch, Ingwer, Zwiebeln und Paprika oder an das marinierte Rindfleisch mit Sesam, Wokgemüse und fruchtiger Tamarindensauce, die auch zum mit Sternanis gewürzten Entenfleisch mit wirklich knuspriger Haut auf den Teller kommt. Wie üblich kann man bei

Außergewöhnliche gedämpfte Reismehltaschen

Cocktails wie Mekong Dream oder Mai Thai mildern die Schärfe

der Bestellung zwar über den gewünschten Schärfegrad diskutieren, aber ohne Garantie, dass die Einteilung mit den drei Sternchen leicht nachvollziehbar ist. Drei Sternchen sind für die meisten Europäer in jedem Fall die Hölle, zwei sind ordentlich scharf, einen finde ich persönlich am besten, weil sich die Schärfe dann eher im Sinne von pikant unterordnet.

Im Zweifelsfall mildert immer einer der fruchtigen Cocktails wie Mekong Dream oder Mekong Punch alles ab. Und spätestens der zweite Mai Thai, die Spezialität des Hauses, macht einem das Gehen in jeder Hinsicht schwer. Es ist aber auch ohne diese Drinks einfach angenehm, hier etwas mehr Zeit zu verbringen, als das Essen selbst braucht – in einer entspannten Atmosphäre mit spärlich eingesetzten fernöstlichen Heimatakzenten wie den Buddha-Statuen in der hinteren Kassettenwand, den kleinen Lämpchen in Bastkörben an der Decke und der großen goldenen Winkekatze, die einem beim Rausgehen zu signalisieren scheint, komm doch bald wieder. Immer gerne.

Zur tant

Terrasse • Hauptgerichte ab 28 • Menüs ab 57 • Kartenzahlung
Fr–Mi 12–14.30 und ab 18 Uhr
Telefon 02203-81 883 • www.zurtant.de

Porz-Langel
Rheinbergstr. 49

Der Name des schon 1849 urkundlich erwähnten Gasthofs stammt tatsächlich daher, dass er früher von einer alleinstehenden Dame geführt wurde und die Dorfbewohner deshalb »wir gehen zur Tant« sagten, wenn sie hier speisten. Nun wird die Tant seit fast vierzig Jahren von Familie Hütter geführt, und seitdem gehört das Gourmetrestaurant, davon jahrzehntelang mit einem Michelin-Stern geadelt, zu den besten und beständigsten Adressen Kölns. Die Lage direkt am Rhein ist idyllisch, bei Sonnenuntergang auf dem Balkon zu essen gehört neben dem Essen zu den kulinarischen Erlebnissen mit der schönsten Aussicht, die Köln zu bieten hat. Die Aussicht ist auch durch die großen Fenster schön, das in die Jahre gekommene Restaurant mit vornehm eingedeckten Tischen und Polsterstühlen ist allerdings so gemütlich-bieder eingerichtet, wie man das eigentlich nur noch vom Besuch bei

Idyllische Lage direkt am Rhein

älteren Verwandten kennt. Aber wenn auch nur eine meiner Tanten jemals so gut gekocht hätte wie Franz Hütter, dann hätte ich sie wesentlich öfter besucht. Denn die zeitlos klassischen Zubereitungen Hütters aus Produkten von höchster Qualität sind die etwas umständliche Anfahrt nach Porz allemal wert.

Er selbst kommt aus der südlichen Steiermark, was sich immer mal wieder auf der Speisekarte bemerkbar macht, wie beispielsweise beim Rehbeuscherl mit knusprigem Semmelauflauf, wenn die Jäger das erlegte Reh mitsamt den Innereien abliefern: ein sahniges Ragout aus Herz und Lunge, gekonnt mit Weinessig abgeschmeckt und ein höchst seltener Genuss. Oder die wunderbare, klare Kraftbrühe vom selben Tier mit Rehleberknödeln, Sommertrüffeln und Pfifferlingen als Einlage. Grandios auch das Kalbsbries zum sehr zarten Kaninchenrücken mit üppiger Sauce Albufera, die mit Gänseleber gebunden ist.

Mit einer perfekt gegarten Keule von der Wachtel und ihrer dicken Brust mit würzigen Raucharomen zu einer tadellosen Blumenkohlmousse zeigt sich der Küchenchef auf der Höhe der Zeit. Sein Faible für asiatische Aromen kommt bei einem anderen Gericht zutage: Dicke Langostinos mit dezent geräuchertem Thun-

Zutaten von höchster Qualität

fisch und sahniger Wasabi-Mousse. Für Innereien-Fans ist die Kalbsniere mit körniger Senfsauce, Bandnudeln und Brokkoli ein Muss, wer Fisch bevorzugt, wird das große pochierte Filet vom Seesaibling mit frischen Morcheln, Spargel und großer Ravioli lieben, die mit Stockfisch-Brandade gefüllt ist.

Ausgesprochen herzlicher Service

Logisch, dass man eigentlich nicht ohne die Topfenknödel mit flüssiger Nougatschokolade innen drin, Vanillesauce und Mohneis nach Hause fahren kann.

Auch weitere Klassiker des Hauses zeigen, dass traditionelles Kochhandwerk auf diesem Niveau nach wie vor höchsten Genuss bietet und problemlos auf die häufig nur vordergründig originellen Spielereien der Avantgarde-Küche verzichten kann. Dazu gehört in der Tant selbstverständlich ein herzlicher Service mit Petra Hütter und Mario Fitz, der offensiv beratende Sommelier des Hauses, der eine ganze Reihe von sehr interessanten österreichischen Weinen im Angebot hat.

Wenn die Rechnung nicht so hoch ausfallen soll, bietet sich alternativ das Hütter's Piccolo an, das zweite Restaurant des Hauses, in dem es gutbürgerliche Küche mit österreichischem Einschlag gibt. Ohne Balkon, aber mit großer Rheinterrasse, Blick auf den Fluss und die Auen gegenüber. Besser kann zeitgemäße Gasthausküche gar nicht sein. Superzarter Tafelspitz mit roten Zwiebelringen in einer köstlichen Kürbiskernölvinaigrette, warmer Zwiebelkuchen mit knackigem Salat oder die herzhafte Spanferkelsülze mit Bratkartoffeln schmecken einfach gut. Das Rehragout in delikater Sauce mit hausgemachten Spätzle und Spitzkohl ist ein Paradebeispiel für niveauvolle Hausmannskost.

Hütter's Piccolo bietet gutbürgerliche Küche mit österreichischem Einschlag

Wenn Sie das alles noch einmal im Original von Franz Hütter genießen wollen, ist das bis zum Mai 2014 möglich. Dann übergibt er nach 39 Jahren den Chefkoch-Löffel an seinen jetzigen Stellvertreter Thomas Lösche, der der bisher gepflegten Stilistik allerdings treu bleiben wird. Wer Franz Hütter nur ein bisschen kennt, weiß, dass er seine geliebte Tant niemals einem Nachfolger überlassen würde, dem er das bisherige Niveau nicht zutraute.

Allein schon deswegen, damit er seinen verdienten Ruhestand dann wirklich entspannt genießen kann.

Für mich gehört ein kulinarischer Ausflug aufs Land immer noch zu den schönsten spontanen Unternehmungen überhaupt. Es ist ein fast schon luxuriöses Gefühl, sich ins Auto zu setzen, nur um irgendwo hinzufahren, wo man in unbeschwerter Atmosphäre entspannt gut essen und trinken kann.

Das alles erfüllen die Gasthäuser und Restaurants in diesem Kapitel mit leidenschaftlichem Engagement und gastronomischer Bravour. Außerdem haben sie alle mittags geöffnet und bieten zusätzlich sehr einladende Gartenterrassen für den Sommer. Und sie sind von Köln höchstens eine Stunde Fahrtzeit entfernt.

Also viel Vergnügen für Ihre eigene Spritztour dorthin.

Restaurants in der Umgebung

BALLEBÄUSCHEN

REICHSHOF-HESPERT
HASSELER STR. 10

TERRASSE • HAUPTGERICHTE: BROTZEIT AB 5,90, WEINSTUBE AB 11,
RESTAURANT AB 19 • MITTAGSMENÜS 19, ABENDMENÜS AB 49 (3 G)
KARTENZAHLUNG • MI–FR 12–15 UND AB 18 UHR, SA/SO/FEIERTAGE AB 12 UHR
TELEFON 02265-93 94 • WWW.BALLEBAEUSCHEN.DE

Herzlicher Service und zuvorkommende Bedienung

Genau genommen ist Ballebäuschen ein kugelförmiges Traditionsgebäck, das früher in jedem bergischen Haushalt zum Familien-Kaffeeklatsch serviert wurde. Kein Wunder also, dass dieser Begriff dort sprachlich auch insgesamt für Gemütlichkeit und Wohlbefinden steht, und deswegen auch kein Zufall, dass Marlies und Günter Allmann ihr sehr einladendes Landgasthaus so nannten, als sie es vor mehr als zwei Jahrzehnten eröffneten. Was damals in einer Ausflugsgegend, die sich bis heute gastronomisch weitgehend über Schnitzel in verschiedenen Varianten, Schweinemedaillons und Forellen definiert, ein unternehmerisches Wagnis war, ist heute eine der ganz seltenen Adressen für anspruchsvolles Essen und Trinken in dieser Region.

Die beiden sympathischen Ex-Kölner sorgen mit großer Leidenschaft und Herzblut dafür, dass jeder Besuch hier ein rundum

schönes Erlebnis wird. Herzlicher Service und zuvorkommende Bedienung sind so selbstverständlich wie durchweg gelungene Landhausgerichte auf hohem Niveau, zubereitet mit sorgfältig ausgewählten Produkten, wobei der Küchenchef bei der Suche nach der richtigen Qualität ganz Deutschland als regionale Bezugsquelle ansieht.

Daraus entstehen köstliche Spezialitäten, klassisch angelegt, aber durchaus mit gelegentlichen Überraschungseffekten wie bei der perfekt gelierten Sülze von pürierter roter Paprika zu einer leicht geräucherten Salami vom Wildberger Metzger mit gehobeltem Parmesan und Olivenöl. Diese leichthändige Sicherheit beim Ausbalancieren von Aromen zeichnet Allmann durchweg aus, dazu kommt sein großes handwerkliches Können. Auch bei den anderen Vorspeisen ordnen sich die Beilagen immer einem zentralen Produkt unter, das die Hauptrolle spielt: Zur geräucherten Lachsforelle gibt es Gurken, Honig-Senf-Sauce und kleine Kartoffelrösti, zu rosa Scheiben von der Rehhüfte sind es lauwarmer Pfifferlingsalat und Holunderglace, zur feinen Sülze ist es der Rote-Bete-Kartoffelsalat mit einer Kräutermayonnaise. Das Wild kommt, auch wenn es der Chef wegen Zeitmangel nicht immer

Ein einfaches Schweinesteak wird hier zum Genuss

Rustikales Vesperangebot für hungrige Wanderer

Unvergesslich: »Omas Kalte Schnauze«

selbst schießt, ausschließlich aus den nahe liegenden Naturschutzgebieten und landet als Rehbratwurst, Rehleber oder wunderbar zartes Rückenfilet zu Rahmspitzkohl mit fruchtigem Holunderbeerjus auf dem Teller. Ja, selbst ein einfaches Schweinesteak mit Gemüsegarnitur wird zum Genuss, und auch bei Fischen wie Steinbeißer oder Zander kann man der Küche bedingungslos vertrauen. Das Gleiche gilt für das günstigere, bodenständige Vesperangebot, das für die hungrigen Wanderer des »Bergischen Panoramasteigs« bestens geeignet ist: Kerniger Bauernspeck mit Radieschen und Sauerkraut, ein dickes Stück gebrühte Ring-Fleischwurst von der Landmetzgerei Hochhard zu sehr leckerem Kartoffelsalat oder Bio-Ziegenkäse mit bergischem Kartoffelbrot schmecken einfach richtig gut.

Die von Marlies Allmann passend zusammengestellte Weinkarte listet viele gute Weine aus deutschen Regionen zu moderaten Kursen, die offen angebotenen Karaffen sind angenehm süffig und natürlich gibt es auch ein gepflegtes Krombacher Pils sowie feine Obstbrände.

Die braucht man auch spätestens nach den prächtigen Desserts, die ein Traum für all jene sind, die altmodisch üppigen Nachtisch noch nicht mit Kalorienphobie verwechseln. Schwelgen Sie also in Armen Rittern mit Aprikosenkompott und Olivenöl-Joghurteis, Parfait von Johannisbeeren mit Pannacotta oder der großartigen Waffel mit heißen Kirschen und Vanilleeis. Vermutlich für immer unvergesslich bleibt sicherlich »Omas Kalte Schnauze«, der ursprünglich etwas feiste Kakao-Palmin-Keksklassiker. Den befördert Günter Allmann problemlos in den Rang gehobener Patisserie – als cremiges Butterkekseis neben leicht alkoholisierter Pralinémasse.

Zwar habe ich hier noch nie ein echtes »Ballebäuschen« gegessen, aber spätestens nach diesen Desserts weiß ich, wie schön man sich als solches fühlt.

Burg Flamersheim

Terrasse • Eiflers Zeiten »Das Gasthaus«: Hauptgerichte ab 10
Mi–Do ab 17 Uhr, Fr–So ab 11.30 Uhr
Bembergs Häuschen »Das Restaurant«: nur Menüs 54–98 (3–7 G)
Mi–Sa ab 18 Uhr, So 12–14 und ab 18 Uhr
Telefon 02255-94 57 52 • www.landlustburgflamersheim.de

Euskirchen
Burg Flamersheim

Da war das Staunen der deutschen Feinschmecker-Gemeinde groß, als urplötzlich ein Michelin-Stern über Bembergs Häuschen in Euskirchen aufging und Küchenchef Oliver Röder gleichzeitig als »Entdeckung des Jahres« gefeiert wurde. Völlig zu Recht, denn in seinem kleinen Restaurant, das im ehemaligen Gutshof der barocken Burg Flamersheim untergebracht ist, kann man eine seltene kulinarische Entdeckung machen. Nämlich die, dass es doch möglich ist, neue Kochtechniken und molekulare Spielereien auf dem Teller so nebenbei wie sinn- und geschmackvoll unterzubringen, dass es selbst für mich als überzeugtem Anhänger eher traditionellen Kochhandwerks ein erfreuliches Ereignis wird.

Neue Kochtechniken und molekulare Spielereien

Die verwendeten Produkte sind erstklassig, die Garzeiten stimmen und die verschiedenen Komponenten jeden Gerichts

Seltene kulinarische Entdeckungen

verbinden sich mühelos zu einem harmonischen Geschmacksbild, obwohl sie zunächst fast immer in ungewöhnlichem Zusammenhang erscheinen. Bei topfrischen Jakobsmuscheln setzt Röder zum Beispiel süße, fruchtige und würzig-pikante Akzente mit sehr reifer Cantaloupe-Melone, spanischem Bellota-Schinken sowie einem karamellisierten Segel vom Langpfeffer und grundiert das alles gekonnt mit einem Püree vom Knollensellerie. Sein von Hand geschnittenes und subtil abgeschmecktes Kalbstatar wird unter der Glashaube noch leicht geräuchert, während es zum Tisch gebracht wird, und mit einer erfrischenden Kräutersauce ergänzt. Der »betrunkene Wolfsbarsch« ist ein roh mit Gin und Safran mariniertes Filetstück, das unter einem luftigen Tonic-Schaum neben Orangenfilets liegt.

Perfekt ist das saftige Kikok-Huhn aus Norddeutschland mit dem in der deutschen Küche überaus selten zubereiteten Hahnenkamm, einem scharfen Curry, frischem Kerbel und getrockneten Möhrenkrümeln als gesalzenes Müsli. Wesentlich klassischer und ebenso durchdacht ist die hervorragende Haxe von Lämmern vor Ort in einem dunklen Malzjus und zusätzlicher Joghurt-Spur, dazu Polenta mit frischem Mais darin und von grünen Bohnen umwickelt.

Selbst mit einem Dessert aus Wasser- und Honigmelone mit Olivenöl muss man nicht fremdeln, wenn das Olivenöl so gut als cremiges Sorbet zu dem miteinander korrespondierenden süßen Fruchtfleisch der beiden Melonenarten passt und getrocknete Oliven das Ganze leicht bitter und crunchy abrunden.

Die Weinkarte entspricht dem Niveau des Essens in den alten Gemäuern mit dicken, weiß verputzten Wänden, modernen Elementen wie Designer-Leuchten und elegant eingedeckten Tischen. Oliver Röders zierliche Frau Katharina kümmert sich um die Gäste mit ihrer unprätentiös persönlichen Art, die keine Wünsche offen lässt.

Der Name des Häuschens geht übrigens auf die Familie von Bemberg zurück, der seit Mitte des 19. Jahrhunderts die prächtige Burg mit Schlosspark und Weiher gehört. Inhaber Johannes von Bemberg und seine Mutter helfen auch mit Ideen und tatkräftiger Unterstützung nebenan, wo man im hellen Gasthaus Eiflers Zeiten zwischen unverputzten Backsteinwänden und unter einer Scheunendecke mit hoher Holzdachkonstruktion einwandfreie Landhausgerichte in großen Portionen bekommt. Die Flammkuchen sind so hervorragend wie das frische Landbrot, das aus derselben holzbefeuerten Ofenanlage kommt wie die deftigen Gerichte à la Schweinshaxe mit Semmelknödeln und Sonntagsbraten vom Eifelschwein mit Spitzkohl. Daneben bietet die Speisekarte natürlich den ganzen Kanon gutbürgerlicher Küche von Roastbeef über gebeizten Lachs bis hin zu Lammragout und Wiener Schnitzel. Wenn man weiß, dass auch diese Gerichte von Oliver Röder und seinem Küchenteam zubereitet werden, weiß man auch, dass auch sie alle tipptopp sind.

Nun ist Landlust zwar schon ein etwas eigenartiger Begriff für das ganze Ensemble, es trifft aber den Punkt. Die Lust, aufs Land zu fahren, stellt sich schon bald nach jedem Besuch wieder aufs Neue ein.

Einwandfreie Landhausgerichte im Gasthaus Eiflers Zeiten

CHRISTIANS
im Gasthaus zur Neyetalsperre

WIPPERFÜRTH
GROSSBLUMBERG 3

TERRASSE • HAUPTGERICHTE AB 10 • AUSSCHLIESSLICH BARZAHLUNG
MI–DO 12–14 UND AB 17.30 UHR, FR–SO AB 9.30 UHR
TELEFON 02267-82 666

Gemütliche Stube und lauschige Gartenwirtschaft

Lohnenswerte Freizeitziele gibt es eine ganze Reihe im Bergischen Land, aber unter denen ist die ausgesprochen idyllische Neyetalsperre noch einmal etwas Besonderes. Zum einen wegen der beeindruckenden Bruchstein-Staumauer mit ihren runden Schieberhäuschen, zum anderen weil die rund 13 Kilometer lange Wanderung um den malerischen Stausee von keinerlei Motorengeräuschen gestört wird – Autos, Mopeds und andere Krachmacher sind verboten. Keinen Steinwurf vom Ufer entfernt, liegt dieses Fachwerkhaus mit gemütlicher Stube einschließlich altem Kachelofen und lauschiger Gartenwirtschaft, die man glücklicherweise doch mit dem Auto anfahren kann – von Köln aus knapp 50 Kilometer in rund einer Stunde.

Bodenständige Gerichte zu Freundschaftspreisen

Für Kölner ist es vielleicht sogar noch ein Geheimtipp, was aber bekanntlich relativ ist. Das kann man besonders an sonnigen Wochenenden oder Feiertagen feststellen, wenn das Lokal regelmäßig überrannt wird. Dann kommen Christian Potthoff in der Küche und seine Mutter Ilse als Service-Chefin, beide sehr gastfreundliche und etwas eigenwillige Charaktere mit eigenem bergischem Charme, schon mal ordentlich ins Schwimmen. Andererseits gehört das eindeutig zum Lokalkolorit, und mit etwas Gelassenheit und Humor aufseiten der Gäste kommt schließlich alles wieder ins Lot.

Unabhängig davon setzen Mutter und Sohn ihre Vorstellungen eines Ausflugslokals mit überdurchschnittlicher Qualität konsequent um – alle Gerichte sind immer frisch zubereitet, sogar das hervorragende Vanilleeis zum dicken, locker luftigen Apfelpfannkuchen. Es gibt eine relativ kleine Standardkarte mit bodenständigen Gerichten zu Freundschaftspreisen wie das saftige Kotelett vom Halle'schen Landschwein und das »Krüstchen«, ein zartes Schnitzel, mit Käse überbacken, gebratenem Bauchspeck und Spiegelei darüber, wahlweise mit erstklassigen Pommes oder Bratkartoffeln und knackigem Blattsalat, und nicht zu vergessen die großartige hausgemachte Sülze mit saftigem Schweinefleisch, fein säuerlich geliert.

Großartige hausgemachte Sülze

Auf der wechselnd aktuellen Karte geht es ambitionierter zu. Da zeigt Potthoff, dass er ein gutes Gespür für aromatische Balance hat: Topfrische Jakobsmuscheln mit sautierten Pflaumen und Mokkagelee, lauwarmer Salat von kurz gebratener Kalbsleber mit Schalotten und leicht gesüßtem Knoblauch, perfekt gegarte, dicke Tranche vom Salm mit mediterranem Kartoffelsalat – großartig. Oder es gibt passend zur Saison ein perfekt rosa gebratenes Rehfilet auf Champignons zu Bandnudeln in Buttervelouté.

Mit einem gepflegten Stauder Pils vom Fass lässt sich das langweilige Dom Kölsch problemlos umgehen, außerdem schenkt Ilse Potthoff glasweise einige ordentliche Weiß- und Rotweine ein, die Sie vorher gerne probieren können. Und an ruhigen Wochentagen oder bewölkten Wochenenden mit weniger Gästen ist dieses außergewöhnliche Gasthaus so richtig zum Genießen.

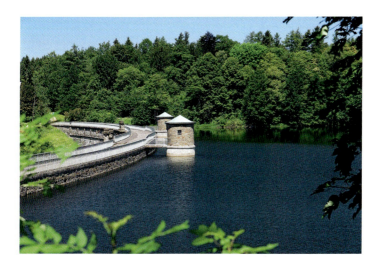

Dröppelminna

Bergisch Gladbach
Herrenstrunden 3

Terrasse • Hauptgerichte ab 21 • Menüs 38 (4 G), 48 (6 G) • Kartenzahlung
Mi–Sa ab 18 Uhr, So/Feiertage 12–14 und ab 18.30 Uhr
Telefon 02202-32 528 • www.restaurant-droeppelminna.de

Auch wenn die Dröppelminna selbst schon seit dem 18. Jahrhundert als Symbol bergischer Gastlichkeit gilt, wurde die birnenförmige Kaffeekanne aus Zinn eigentlich aus Holland eingeführt. Passt allerdings zum heutigen Patron: Joël Schramm stammt ursprünglich auch nicht aus dem Bergischen, sondern aus dem Elsass und könnte ohne Weiteres selbst als lebendes Symbol der Gastlichkeit gelten. Wie charmant und aufmerksam sich der sehr sympathische Franzose mit seinem jungen Serviceteam um die Gäste kümmert, bleibt nach jedem Besuch noch genauso lange in Erinnerung wie die Wohnzimmeratmosphäre mit den zahlreichen Küchenutensilien an Decke und Wänden.

Charmante Wohnzimmeratmosphäre

Darüber hinaus ist die Dröppelminna eine der letzten Bastionen, in der offensichtlich beim Kochen und Genießen weder über Kalorien, noch über Cholesterin oder über irgendwelche anderen

Gesundheitsrisiken nachgedacht wird. Lukullus sei Dank: Sämtliche Gerichte, die sein Koch Faton Sadiki mit sehr guten Produkten in der offenen Küche frisch zubereitet, sind französisch-deutsche Landküche ersten Ranges zum Schwelgen. Die Weinbergschnecken werden nach einem Rezept von Schramms Mutter zubereitet, die die Kräuterbutter mit reduzierter Brühe mischt. Die Gänserillettes mit selbst gebackenem Brot sind ebenfalls ein klassisch französischer Auftakt vor richtigen Vorspeisen. Die pürierte Fischsuppe mit Einlage von Edelfischen und cremiger Rouille wirkt schon geradezu elegant mit ihrem langen feinen Abgang, die Croutons dazu sind wirklich richtig knusprig. Selbst die anderswo meist banale Kürbissuppe vom Hokkaido entpuppt sich hier als elegantes Zwischengericht mit gerösteten Kürbiskernen und Kernöl als Einlage. Zartes Kalbsbries liegt pur mit Salatbouquet auf dem Teller, das Carpaccio vom Kalbstafelspitz kommt mit wenig Vinaigrette und dezent gewürztem Pesto voll zur Geltung. Die auserlesenen kleinen Pfifferlinge harmonieren prächtig mit Lauchzwiebeln in einer reduzierten Sahnesauce zur saftigen Perlhuhnbrust. Die mit Hummer gefüllten Ravioli umspielt eine präzise abgeschmeckte Krustentiersauce, die nur leicht gebunden ist. Überhaupt hat der Küchenchef ein Händchen für die Saucen, die niemals den Teller überschwemmen, sondern die einzelnen Komponenten der Gerichte subtil miteinander verbinden.

Französisch-deutsche Landküche ersten Ranges

Oder, wenn es Sinn macht, fast zum Star des Gerichts werden wie bei der dunklen Rotwein-Schmorsauce der grandiosen Kalbsbäckchen zu Linsen und kleinen Kartoffeln – eine veritable Hymne an die klassisch französische Kochkunst. Beim Kalbsfilet kann man wieder einmal die Vorzüge der alten, aber immer noch guten Methode genießen, das Fleisch kräftig anzubraten und im Ofen entspannen zu lassen, bis es innen leicht blutig und mit angenehm fester Struktur serviert wird.

Die Sauce wird zum Star des Gerichts

Auch beim Fisch schwächelt die Küche kein bisschen. Das dicke, auf der Haut gebratene Kabeljaufilet mit drei innen noch sehr schön glasigen Jakobsmuscheln auf lauwarmem Kartoffelsalat mit geschmorten Gurken ist ein sehr überzeugendes Beispiel dafür. Auf der sehr individuell und kompetent zusammengestellten Weinkarte stehen eine ganze Reihe erstklassiger Weine aus dem Elsass, über die der Gastgeber natürlich gerne Auskunft gibt – gerade die hochwertigen Rieslinge aus dieser Region passen hervorragend zu vielen Gerichten und sind nicht übertrieben kalkuliert.

Freitags und samstags gibt es ausschließlich ein sehr preiswertes Menü mit vier oder sechs Gängen, damit Faton Sadiki und sein Helfer an den Töpfen auch bei erheblichem Gästeandrang das Niveau garantieren können.

Nach den üppigen Desserts wie Himbeersorbet mit warmem Schokoladensoufflé, dessen Inhalt beim Anstechen schmelzend herausläuft, entlässt der Gastgeber niemanden, ohne vorher zum Abschied hinreißende Madeleines zu servieren. Obwohl man doch eigentlich gar nicht mehr gehen möchte.

Forsthaus Telegraph

Terrasse • Hauptgerichte ab 19 • Menüs ab 42 (3 G) • Kartenzahlung
Küche Di/Mi 18–21 Uhr, Do–Sa 12–13.45, 18–21 Uhr, So 12–14.30, 17.30–20 Uhr
Telefon 02241-76 649 • www.forsthaus-telegraph.de

Troisdorf-Spich
Mauspfad 3

Das letzte Hinweisschild an der Abbiegung in einen asphaltierten Waldweg ist nicht beleuchtet, so warnen die Gastgeber des Forsthauses in den Anfahrtshinweisen auf ihrer Homepage. Aber auch wenn Sie schon im Hellen kommen sollten, taucht dieses Schild auf der Landstraße, Navy hin oder her, so plötzlich auf, dass man selbst beim zweiten Versuch fast wieder daran vorbeirauscht. Sollte man aber nicht, denn sobald man nach einer knappen halben Stunde auf dieser idyllischen Lichtung am Rand der Wahner Heide angekommen ist, fühlt es sich mindestens so weit weg an wie Bayern. Die Flugzeuge grollen noch gelegentlich durch die Stille, Bundeswehrübungen sind selten geworden und ansonsten zwitschern hier die Vögel.

Im Forsthaus, das 1834 als Station 53 der optischen Telegraphenlinie Köln-Koblenz eingeweiht wurde, empfängt Sie mit

Ingo Schröter in weißem Hemd und schwarzer Weste ein Restaurantchef alter Schule, dem es wichtig ist, dass sich seine Gäste wohl fühlen. Thomas Pilger serviert dazu klassisch zubereitete Landhausküche zu seriösen Preisen im Verhältnis zur Produktqualität, gerne mit französischem Einschlag. Die topfrischen Felsenaustern schmecken nicht nur an der Küste, sondern auch hier im Wald hervorragend. Aus dem Wald selbst kommt das Wildschwein für die Terrine, fein begleitet von einer süßlichen Rotweinreduktion und Birnenkompott. Beispielhaft für seine Kochkunst sind auch die superkleinen Premium-Pfifferlinge mit Petersilie, etwas Kresse und ordentlich buttriger Sahnesauce mit einer großen Schnitte von knusprig braun gebratenem Semmelknödel und sehr lockere Perlhuhnklößchen mit gehackten Pinienkernen, Morchel-Sahnesauce auf grünem und weißem Spargel.

Klassische Landhausküche zu seriösen Preisen

Einer der ganz großen Hits als Evergreen auf der Speisekarte ist das fantastische, 16 Stunden bei Niedrigtemperatur gegarte Schäufele vom Rind mit einer perfekten Maserung, wunderbar zart und saftig, in einer dunklen Sauce vom Spätburgunder, dessen weinige Aromatik darin tatsächlich noch mitschwingt. Wo sonst bekommt man heutzutage so etwas noch?

Auch das innen noch deutlich rote, also für echte Wildfans exakt auf den Punkt gebratene, dicke Filet vom Rehbock gehört zweifellos in diese Kategorie. Das schmeckt nach Wild, hat trotz aller Zartheit eine schöne Bissfestigkeit und ist mit einer hervorragend harmonierenden Sauce abgeschmeckt, bei der sich Preiselbeeren und Thymian so stimmig ergänzen, dass man dem Koch am liebsten spontan ein kräftiges »Waidmanns Heil!« zurufen möchte. Überhaupt sind Pilgers Saucen durchweg bemerkenswert, sogar wenn er zur saftigen Entenbrust und ausgebackenen Kartoffelnocken eine mit Himbeeren abgeschmeckten Jus riskiert, bei dem auch das hauseigene Elixier de Balsamico eine Rolle spielt. Das ist eine Essig-Kreation des Küchenchefs, die zeigt, dass man solch mild-fruchtigen Essig im Gegensatz zu industriell gefertigten Scheußlichkeiten wie Crema di Balsamico sehr gut in der feinen Küche einsetzen kann. Für Geschmackspuristen, die ohne Saucen auskommen können, ist das dicke Kotelett vom Duroc-Schwein mit Salbei, leckerem Kartoffelpüree und al dente gekochter Gemüsebeilage eine gelungene Alternative.

Der Evergreen: 16 Stunden gegartes Schäufele vom Rind

Das altmodische Dessert Eierlikör-Mousse mit frischen Früchten ist vielleicht nicht die ganz große Klasse, aber trotzdem wegen seiner süffigen Schlotzigkeit unwiderstehlich. Bei der Weinkarte verlassen Sie sich auf die kompetente Beratung des Oberkellners, interessant sind besonders die gesondert angebotenen Flaschenweine des Monats.

Zünftige Geselligkeit verspricht die angeschlossene Waldwirtschaft

Zusätzlich zum Restaurant gibt es die Waldwirtschaft Heidekönig mit Selbstbedienung, Biergartengarnitur auf der großen Wiese, zünftigen Salaten, Brotzeiten und Flammkuchen, im Sommer gelegentliche Live-Musik des Gitarren-Duos Diciotto Corde. Und das alles in einer Gegend, wo sich trotz Flughafen und Übungsgelände viel weniger Menschen als Hasen und Igel gute Nacht sagen.

Gut Lärchenhof

Pulheim-Stommeln
Hahnenstrasse/
Am Steinwerk

Terrasse • Hauptgerichte Bistro ab 8, Restaurant ab 25
Menüs Restaurant ab 49 (4 G) • Kartenzahlung •
Bistro täglich 12–22 Uhr, Restaurant 12–14, 18–22 Uhr (nur reserv.)
Telefon 02238-92 31 016 • www.restaurant-gutlaerchenhof.de

Neues Spiel, neues Glück, heißt es ja bei sämtlichen Sportarten vom Skat über die Fußball-Bundesliga bis hin zum Golf und seit kurzer Zeit auch in der Küche des Restaurants auf dem Gelände des renommierten Golfclubs vor den Toren Kölns. Der neue Chefkoch im Spiel ist Sven Messerschmidt, ein versierter Küchenmeister mit einer professionellen Vorgeschichte, die keine Zweifel daran lässt, dass er in der Lage ist, den Michelin-Stern und die durchweg hohen Bewertungen der unterschiedlichen Gourmetführer zu halten.

Das bestätigte sich von Beginn an: Handwerklich souverän, mit Fingerspitzengefühl für die Ausgewogenheit zwischen klassisch grundierter Zubereitung und heutzutage wohl notwendiger Moderne bei Kochtechniken und Texturen sowie großer Sorgfalt beim Abschmecken legte Messerschmidt im Frühjahr los. Beispielhaft ausgeführt zeigt sich das bei einem natürlich von Hand geschnittenen Kalbstatar mit gleich drei Varianten Bleichsellerie, einmal als Würfelchen im Tatar, in dem auch ein hauchdünn karamellisiertes Pfeffersegel steckt, zusätzlich als grüne Blättchen und gekringelte Spaghetti aus geliertem Saft. Dazu eine geeiste Version der echten »Bloody Mary« im Glas – witzig und lecker.

Auch für Nicht-Golfer einen Ausflug wert

Ernsthaft abgefahren wird es dann bei der perfekt gebratenen Schnitte von vorzüglicher Gänsestopfleber mit einer hauchdünnen Kruste aus geriebenen Steinpilzen und Macadamianüssen, die wiederum als Stückchen im dunklen Jus darunter liegen. Für Liebhaber der französischen Klassik serviert Messerschmidt eine atemberaubende Version des Kalbskopfes: als deutlich mit feinem Essig abgeschmecktes Ragout unter hauchdünnen rohen Champignon-Scheibchen, pochiertem Wachtelei und einer samtigen Kartoffelmousseline, gekrönt mit iranischem Kaviar. Das ebenbürtige Pendant auf der Fisch-Seite ist Steinbutt mit einem Joghurt-Espuma, der die offensive Säure der Salzzitrone wunderbar einbindet im Dashi-Fond von japanischem Thunfisch mit kurz gegarten Shiitake-Pilzen. Einfach und trotzdem sehr verlockend kann er aber auch: Gebratener Saibling auf Blumenkohl in kleinen Röschen mit viel frischem Estragon und feinem Sahnesößchen schmeckt ebenso gut wie mit Ziegenkäse gratinierter Lammrücken mit unterschiedlichem Paprikagemüse und weiterem Ziegenkäse in der sehr aromatischen Sauce.

Die Patisserie neigt bei manchen Desserts etwas zu trendy überkandidelten Desserts, lassen aber Fans der alten Süßigkeiten-Schule wie mir glücklicherweise die Wahl, die dann lieber auf einen exquisiten Eiskaffee nach Art des Hauses oder eine zeitgemäße Interpretation von Kirschen, Schokolade, Sahnequark und Kirschwasser fällt.

Neben dem Essen gibt es auch für Nicht-Golfer noch eine ganze Reihe von guten Gründen, zum Gut Lärchenhof zu fahren. Bei schönem Wetter auf der Terrasse zu sitzen und den Blick über das satte Grün und den endlos weiten Himmel schweifen zu lassen, ist allein schon grandios – fast wie Neuseeland, nur ohne Schafe. Genauso faszinierend ist es, den Blick in die Weinkarte zu werfen, die neben berühmten Etiketten eine wahre Fundgrube für Weintrinker ist, die zu vernünftigen Preisen erstklassig trinken wollen. Dabei lassen Sie sich am besten von Peter Hesseler selbst beraten, ohne den dieses gastronomische Gesamtkunstwerk nicht denkbar wäre. Der bodenständige Westerwälder ist ein herzlicher Gastgeber mit viel Humor und genauso viel Erfahrung mit Gästen aller Art, dessen Geschick im Umgang mit Menschen sich wie nebenbei positiv auf seine Servicekollegen auswirkt. Professionell, aufmerksam, locker und freundlich sorgen sie für die Gäste – besser geht das nicht.

Eine wahre Fundgrube für Weintrinker

Neben der Gourmet-Abteilung gibt es eine Bistro-Karte, die es ebenfalls in sich hat: Das Spargelmenü im Frühsommer, Frikadellen mit sehr leckerem warmen Kartoffelsalat, Burger vom Wagyu-Rinderhack oder Königsberger Klopse in geschmeidiger Kapernsauce sind nur ein paar der möglichen Empfehlungen. Obwohl der klassische Flammkuchen mit Zwiebeln und Speck als elsässisches Vorzeigegericht und die superben Kalbsbäckchen in ihrem Schmorjus doch noch schnell angeführt werden sollten.

Ein gastronomisches Gesamtkunstwerk

Reservieren sollte man schon wegen eventueller Veranstaltungen immer. Das abweisend wirkende Gittertor vor der Einfahrt schwingt nach kurzer Anmeldung über die Sprechanlage auch für Besucher ohne Golfclub-Mitgliedskarte geräuschlos auf. Und vor einem wie Peter Hesseler und seinem Team in Küche und Service sind sowieso alle Gäste gleich.

K. u. K. WEINHÄUSCHEN
am Rhein

Terrasse • Hauptgerichte ab 12 • Menüs auf Anfrage • Kartenzahlung
Di–So ab 12 Uhr
Telefon 0228-36 27 56 • www.kuk-weinhaus.de

Bonn-Mehlem
Fährstr. 26

Ein Fachwerkhaus mit großer Terrasse direkt am Rhein, die freie Sicht auf das Siebengebirge mit Drachenfels und Drachenburg, eine gute Weinauswahl, die sehr trinkfreundlich kalkuliert ist, und eine echt österreichische Speisekarte. Das ist kurz zusammengefasst die Szenerie für dieses kulinarische Ausflugziel in Bonn-Mehlem, das jeden der rund 35 Kilometer langen Anfahrt von Köln aus wert ist. Denn hier pflegen die beiden österreichischen Brüder Christoph und Edmund Kagerer, die mit ihren Familien schon seit mehr als 25 Jahren im Rheinland zu Hause sind, die bodenständige Küche ihrer Heimat auf einem Niveau, das keine Wünsche übrig lässt.

Selbst an sonnigen Sommertagen, wenn Terrasse und Weinstube voll besetzt sind, arbeitet die Küchencrew so präzise bei den Garzeiten und so sorgfältig bei der gesamten Zubereitung, dass

Österreichische Küche auf allerhöchstem Niveau

alle Gerichte immer ein großes Vergnügen sind. Das gilt auch für die hausgemachten Süßspeisen wie Käsekuchen und Kirschstreusel oder den Apfelstrudel mit Vanilleeis.

Vorspeisen nennen sich kleine Gerichte, die aber trotzdem großzügig portioniert sind: Die gebackenen Champignons, also paniert und frittiert, sind außen perfekt knusprig und innen saftig, dazu gibt es die hausgemachte Sauce Tatar mit Ei, Gurke und Zwiebeln. Die klare Rindsuppe ist eine wunderbar kräftige Fleischbrühe mit Streifen von dünnen Kräuterpfannkuchen darin, die auch statt dieser Einlage mit Leberknödel im Angebot ist. Alle Beilagensalate sind knackig frisch und herzhaft angemacht, wenn Fleisch im Spiel ist, wird es durchweg beeindruckend. Die wie ein Carpaccio in dünne Scheiben geschnittene Sülze vom Kalbstafelspitz mit perfektem Gelee und hervorragenden Bratkartoffeln kann man schlichtweg nicht besser machen, das zum Turm aufgehäufte Blutwurstgröstl ist ein österreichischer Klassiker, den ich selbst im Ursprungsland noch nie so lecker gegessen habe, zusätzlich angeschärft mit frisch geriebenem Kren (auf Deutsch: Meerrettich).

Österreichs kulinarische Botschaft am Rhein

Überhaupt schmeckt einfach alles mindestens überdurchschnittlich gut. Das gilt selbst für die sonst eigentlich von mir verpönten Salzkartoffeln, die schön klein und fest sind, oder die auf den Punkt gegarten Gemüsesorten, die neben dem ultrazarten Tafelspitz liegen, der wiederum mit einer hervorragenden Meerrettichsauce übergossen wird. Da wundert es einen schon nicht mehr, dass auch zum wieder perfekt frittierten, saftigen Backhendl noch ein wunderbar schlotziger Kartoffel-Gurkensalat auf den Teller kommt, der dezent mit körnigem Senf abgerundet ist.

Die Desserts? Feinste dünn gebackene Palatschinken, gefüllt mit Marillenmarmelade und bestreut mit Puderzucker, und der umwerfend luftige Kaiserschmarren mit Zwetschgenröster halten problemlos das Niveau dieses sehr einladenden Gasthauses, in dem die gesamte Servicecrew sehr herzlich dafür sorgt, dass man das Weinhäuschen immer fast schon beschwingt in bester Stimmung verlässt. Was zusätzlich auch mit der Weinkarte zu tun haben kann, auf der einige Topwinzer aus Deutschland und Österreich zu Kursen vereint sind, die man heutzutage im Lokal gar nicht mehr für möglich gehalten hätte, einige davon sogar offen ausgeschenkt.

Topweine aus Deutschland und Österreich

An dieser Stelle daher noch der sachdienliche Hinweis, dass von Köln aus der Nahverkehrszug mindestens stündlich nach Bonn-Mehlem fährt und die Haltestelle nur wenige Fuß-Minuten von diesem in seiner Kategorie absolut beeindruckenden Ausnahme-Lokal entfernt ist. Natürlich ist Österreich selbst immer eine Reise wert, aber um gleich eine ganze Reihe der Landesspezialitäten zu genießen, reicht schon der kurze Trip in seine kulinarische Botschaft am Rhein.

Landhaus Spatzenhof

WERMELSKIRCHEN
SÜPPELBACH 11

Terrasse • Hauptgerichte ab 22 • Menüs ab 45 (3 G) • Kartenzahlung
Mi–So 12–14 und ab 18 Uhr
Telefon 02196-97 590 • www.landhaus-spatzenhof.de

Es ist schon eine ordentliche Gurkerei nach Wermelskirchen in den Ortsteil Süppelbach, obwohl es eigentlich gar nicht so viele Kilometer sind. Aber kaum hat man die letzte Biegung zum Landhaus genommen, ist die Mühe vergessen: Dann wirkt der Spatzenhof wie eine ruhige Lichtung mitten im Wald. Es ist ein Haus mit Geschichte, genauer gesagt mit zwei Geschichten.

Die eine handelt vom Ursprung des Hauses, das 1913 von Clara von Krüger erst als Kinderheim gebaut und später zu einem Erholungsheim umgestaltet wurde. Von Beginn der 1960er-Jahre an war es dann eine Pension mit Café, bevor es vor einigen Jahren mithilfe finanzkräftiger Eigentümer endgültig zu dem wurde, was es heute ist: ein komplett saniertes und restauriertes Landhaus mit einigen Hotelzimmern und einem modern verglasten Eingang zur Lobby, die neben dem denkmalgeschützten Gebäude liegt. In diesem wiederum ist das Restaurant untergebracht, das in verschiedene Räume unterteilt an die ehemalige Nutzung erinnert. Man kann unter anderem in der Besenstube, im Büßerzimmer oder der Alten Küche sitzen, die alle liebevoll mit den entsprechenden Utensilien ausgestattet sind.

Hier spielt die zweite Geschichte – die kulinarische – und sie könnte bei weiter so anhaltendem Erfolg beispielhaft für andere anspruchsvolle Landgasthäuser werden. Das Pächterehepaar Tanja und Philipp Wolter startete mit großen Ambitionen: Der Spatzenhof wurde unterteilt in ein Gourmetrestaurant, das auch schnell den ersten Michelin-Stern und viele Punkte im Gault-Millau ergatterte, und in ein zweites Restaurant, das gute Landhausküche anbot. Doch hohe Bewertungen in Restaurantführern und hoher Gästezuspruch entwickeln sich zunehmend landauf, landab schon länger nicht mehr im Gleichschritt. Die meisten Gäste zogen die gute Landhausküche und die gemütlichen Räume eindeutig vor, das gediegene Gourmetrestaurant blieb zu häufig fast leer. Bevor das wirtschaftlich richtig schiefgehen konnte, vollzogen die Wolters einen klaren Schnitt, der in der Feinschmecker-Szene natürlich aufmerksam beobachtet wurde. Sie schlossen das Gourmetrestaurant zugunsten der anspruchsvollen Landküche. Was nun aus dem Michelin-Stern wird, wissen nur Inspektoren der roten Feinschmecker-Bibel. Wie die Gäste den Wechsel fanden, ist schon geklärt. Sie kommen begeistert immer wieder, vor allem auch an schönen Tagen, wenn man draußen im schönen Café-Garten vor dem Landhaus essen kann.

Die professionelle Servicecrew kümmert sich aufmerksam und gut gelaunt um das Wohlbefinden, Restaurantleiter Armin Weisenberger sorgt zusätzlich für lockere und kompetente Beratung bei seiner sorgfältig zusammengestellten Weinkarte. Philipp Wolter beweist mit seinen Köchen, dass eine gemischte Speisekarte mit Gourmetanspruch und Landhausgerichten zu vernünftigen Preisen eine sehr zukunftsweisende Option sein kann. Beim großen Menü zeigt er nach wie vor, dass er die hohen Auszeichnungen zu Recht verdient hatte. Handwerklich auf hohem Niveau und mit Fingerspitzengefühl für den gemäßigten Einsatz moder-

Der Prototyp eines erfolgreichen Landgasthauses

Gemäßigter Einsatz moderner Küchenspielereien

ner Küchenspielereien gehören dazu die perfekte Kombination von zartem Kalbsbries und Stopfleber, noch auf dem Teller unter der Glashaube im Rauch aromatisiert, dazu frische Bohnenkerne, Erbsen und gelierter Balsamico als Beilagen. Zum durchweg rosa gegarten Rehrücken gelingt ihm sogar das riskante Zusammenspiel aus Tannenspitzen und Honig im dunklen Jus, als Beilagen vertragen sich süßliche Möhre und säuerlicher Rhabarber prächtig zu einer außergewöhnlichen Getreidemischung aus Gerste, Buchweizen und Amaranth. Die elegante Schokoladenschnitte mit eingelegten Gewürzkirschen, knusprigem Krokant zum sensationellen Ardbeg-Malt-Whisky-Eis ist eine Wonne. Doch auch die saisonal angelegten Landhausgerichte lassen keine Wünsche offen. Matjes als Filet und Häckerle mit Gewürzgurken und knusprigen Pumpernickelcroutons, Carpaccio von der Zucchini mit gebratenen Sardinenfilets und Wildkräutern, Seeteufel-Medaillon auf Staudensellerie mit schwarzen Oliven und Limettenschaum, Zweierlei vom bergischen Zebu-Ochsen auf Erbspüree mit karamellisierten Perlzwiebeln und gebratener Polenta – das alles ist sinnvoll zusammengestellt und schlichtweg sehr lecker.

Das Ardbeg-Malt-Whisky-Eis ist eine Wonne

Zusammen mit der lockeren Atmosphäre des ganzen Hauses taugt der Spatzenhof sicherlich zum Prototypen eines erfolgreichen Landgasthauses für die Zukunft, das zwar vielleicht nicht mehr in die stereotypen Schubladen der klassischen Gourmetführer passt, für die Kundschaft mit Lust auf gutes Essen und erholsames Ambiente aber umso attraktiver ist.

STEINHEUERS
Restaurant & Landgasthof Poststuben

Terrasse • Hauptgerichte ab 25 • Menüs ab 49 (4 G) • Kartenzahlung
Do–Mo 12–14 und ab 18.30 Uhr, Poststuben ab 18 Uhr
Telefon 02641-94 860 • www.steinheuers.de

Bad Neuenahr-Ahrweiler
Landskroner Str. 110

Seit Jahren gehört Hans Stefan Steinheuer mit zwei Michelin-Sternen und 19 Punkten im Gault-Millau zur absoluten Spitze der deutschen Edelgastronomie und macht trotzdem nur wenig öffentlichen Rummel um sich. Vielleicht muss man sich deswegen einfach ab und zu daran erinnern, mal wieder bei ihm essen zu gehen. Gründe für die knappe Stunde Autofahrt gibt es eine ganze Menge.

Steinheuer schon als Urgestein unter den deutschen Gourmet-Köchen zu bezeichnen, weil sein handwerkliches Fundament vor Jahrzehnten u. a. noch bei Dieter Müller in Wertheim gelegt wurde, würde dem 53-Jährigen allein schon wegen seines Alters nicht gerecht. Aber ihn zu den ganz großen Köchen des Landes zu zählen, ist keineswegs übertrieben. Eine solche Melange aus immenser Erfahrung und klassischer Basis sowie intel-

Absolute Spitze der deutschen Edelgastronomie

ligenter Moderne, wie sie sich heutzutage in seinen Menüs niederschlägt, muss man in Deutschland mit der Lupe suchen.

Bei Steinheusers geht es nach einer beeindruckenden Häppchenparade zu Beginn erst richtig los mit einem großen, knackig gegarten Carabinero auf hauchdünnem Carpaccio von der Gelbschwanzmakrele, federleicht begleitet von fest aufgeschäumtem Joghurt, gelierter Gazpacho, filetierter Grapefruit und fein geschnittenem Kopfsalat. Mit etwas mehr Gewicht ist der perfekte Glattbutt zu sehr zartem Pulpo als Scheibe und als kleine Würfelchen, flankiert von Endivie und grundiert von einer würzigen Kapernsauce. Die Spannung bleibt bis zum üppigen Dessert-Finale mit einer Traumkombination aus edler Schokolade mit Quitten und Ingwer sowie Toffee-Eis durchweg erhalten. Aber zuvor gibt es noch als dritten Gang ein pochiertes Landei im Glas unter einem dicken Risottoschaum, das zusätzlich leicht bittere Noten von Rucola, Röstaromen vom knusprigen Culatello und Würze von dünn gehobelten Alpkäse mitbekommt. Weiter geht's im Takt mit confiertem Bauch und Keule des Milchferkels, beides

Schlicht elegant eingerichtetes Ausnahmerestaurant

saftig und schön bissfest zugleich, in einem sehr subtilen Kümmeljus mit Kugeln von Roter Bete und Rübchen.

Noch ein Höhepunkt folgt: Beim perfekt gegarten Rebhuhn, bei dem tatsächlich die Geschmacksnuancen seiner wilden Herkunft mitschwingen, zeigt Steinheuer einmal mehr, auf welch souverän meisterlichem Niveau er mit seinem Küchenteam angekommen ist. Der kompetente und souverän beratende Sommelier Sebastian Bordthäuser empfiehlt gerne die passenden Weine aus dem erstklassigen Angebot und sorgt mit der gesamten Servicecrew dafür, dass der Besuch des schlicht elegant eingerichteten Ausnahmerestaurants als herausragendes Ereignis in Erinnerung bleibt.

Ein Besuch wird zum herausragenden Ereignis

In Steinheuers Poststuben gibt es Köstlichkeiten auch für weniger Geld. Dort bietet er anspruchsvolle Landhausgerichte, die ebenfalls handwerklich präzise zubereitet sind. Fein geräucherte Kalbsblutwurst liegt hier gebraten auf einem Weißkohlgröstl mit Bratkartoffelwürfeln, Kümmel und etwas Speck. Zu den hocharomatischen Pfifferlingen werden die sensationellen mit Ricotta gefüllten Maultaschen gereicht, deren Nudelteig aus Südtiroler Schüttelbrot von ganz eigenem Aroma ist. Perfekt gesotten ist der Kalbstafelspitz mit dezenter Meerrettichsauce und Kernöl neben Gemüse und deftigen Zwiebelbratkartoffeln. Die Spanferkelkoteletts mit perfekt knuspriger Kruste und tollem Jus zu buttrigem Kartoffelpüree und Spitzkohl mit körnigem Senf bleiben genauso begeisternd in Erinnerung wie das wunderbare Dessert aus heißen Süßkirschen im Tempura-Teig mit mürber Mandelschnitte aus gerösteten Mandeln und köstlichem Amarena-Eis.

Köstlichkeiten für weniger Geld bieten Steinheuers Poststuben

Also mir läuft schon wieder das Wasser im Mund zusammen, wenn ich nur daran denke.

VELDERHOF

PULHEIM
GUT VELDERHOF 1

TERRASSE • HAUPTGERICHTE BISTRO AB 6,90, RESTAURANT AB 27
MENÜS: BISTRO 31,50 (3 G), RESTAURANT AB 62 (5 G)
DI–SO 11–23 UHR
TELEFON 02238-14 02 85 • WWW.RESTAURANT-VELDERHOF.DE

Hausgemachte Currywurst ohne unnötiges Chichi

Lohnt es sich, nur für eine Currywurst mit Fritten bis nach Pulheim-Stommeln zu fahren? Es gibt Momente, da würde ich diese Frage glatt mit ja beantworten. Und immer wenn ich auf der A1 oder der A57 an Pulheim vorbeikomme, habe ich schon fast die Hand am Blinker, um in Richtung Velderhof abzubiegen. Denn während in Köln eine neue Wurstbraterei nach der anderen oder die nächste Burger-Manufaktur mit zwangsoriginellen Saucenerfindungen um den Status des Besten ringen, zeigt Christoph Paul mit seiner hausgemachten Bratwurst unter einer geradlinig fruchtig-pikanten Currysauce zu erstklassigen Fritten ohne jedes weitere Chichi, wo es bei der Currywurst wirklich langgehen sollte. Dasselbe gilt für seinen unprätentiösen Hamburger mit saftigem Hackfleisch und knusprigem Bacon. Daneben führt Paul geradezu exemplarisch vor, wie ein handwerklich absolut versierter Koch einfache Gerichte mit kulinarischen Anleihen aus aller Welt so zubereitet, dass es rundum das pure Vergnügen ist – zu Preisen, die nicht höher als der Durchschnitt vieler Kölner Gasthäuser mit ihrer kantinenartigen Rumpelküche liegen.

Einfache Gerichte mit kulinarischen Anleihen aus aller Welt

Von den sensationellen Bauernbratwürsten mit Zwiebelsauce und rustikalem Krustenbrot sollte ich lieber nicht berichten, sonst kommt der Koch vielleicht eines Tages mit der eigenen Herstellung nicht mehr nach. Flammkuchen, gebeizter Lachs oder Forelle in unterschiedlichen Kombinationen, die Kartoffel-Lauchsuppe mit Wiener Würstchen, Kalbsniere mit Pomméry-Senfsauce und Tapas wie Kalbfleischbällchen mit Minz-Joghurt, frittierte Sardinen mit Aioli oder Saté-spieße vom Hühnchen mit Sesamsauce gehören ebenso wie regional geprägte Gerichte à la Rübstiel in Rieslingsauce zum Zander oder Allgäuer Käspätzle zu den leckeren Erinnerungen.

Dazu schmeckt ein sehr gepflegtes König Pilsener vom Fass oder einer der sorgfältig ausgesuchten Weine zu sehr zivilen Preisen, ausgeschenkt vom herzlichen Service unter der Regie von Juliane Paul und begleitet von der freundlich durch das Anwesen patrouillierenden Paula, eine kuriose Promenadenmischung aus französischem Briard-Hirtenhund, Setter und Dalmatiner mit grauen Locken. All das sind weitere gute Gründe, um über die rheinischen Gemüsefelder zu diesem ruhigen und ländlich-idyllischen Golfclub zu fahren, der neben dem lichtdurchfluteten Holzpavillon des Restaurants und dem Bistro mit den ehemaligen Pferdeboxen gleich zwei gemütliche Terrassen bietet. Die eine im Innenhof des ehemaligen Bauernhofs, die andere mit Aussicht über den immer grünen Golfplatz. Da der Velderhof auch ein Vereinsheim ist, empfiehlt es sich generell, vorher anzurufen, ob nicht eine Veranstaltung für geschlossene Gesellschaft sorgt.

Mit seiner Gourmetkarte zeigt Paul zudem, dass er früher jahrelang eines der besten Kölner Restaurants in Nippes führte. Perfekt sautierte Flusskrebse mit Kopfsalatherzen in Rieslingdressing, frisch geräuchertes Forellenfilet mit Sauerampferpüree und fruchtigem Holundergelee oder eine gelungene Kombination von Jakobsmuschel, gebratener Sardine zu kleinen Würfeln vom Fenchel und Fenchelsalami sowie Gambas im Speckmantel zu mit Speckstückchen gefüllten Tortellini in Salbeibutter sind durchweg interessante und tadellos ausgeführte Vorspeisen aus seinen beiden Menüs. Das mit Rucola-Pesto bestrichene Rib-Eye-Steak vom US-Beef hat eine perfekte Fettmaserung und einen tiefgründigen Fleischgeschmack, der exakt mit den Röstaromen des Paprikagemüses korrespondiert.

Pauls warmer Schokoladenkuchen mit Mokka-Eis und leicht herber Orangensauce darf natürlich nie auf der Speisekarte fehlen, ist aber im Größenvergleich zu seinen Nippeser Zeiten von sagen wir mal – um im sportlichen Bilde zu bleiben – einem Eishockey-Puck auf Golfball-Größe geschrumpft, aber innen trotzdem wie früher locker und weich.

Das ist allerdings für nicht golfende Genießer das einzige kleine Handicap im ganzen Velderhof.

Weinhaus Gut Sülz

Terrasse • Hauptgerichte ab 9,80 • Kartenzahlung
Täglich ab 12 Uhr, Okt–März werktags ab 16 Uhr, Sa/So ab 12 Uhr
Telefon 02223-30 10 • www.weinhaus-gutsuelz.de

Königswinter-
Oberdollendorf
Bachstr. 157

Direkt unterhalb eines steilen Weinhangs an den Ausläufern des Siebengebirges zum Rhein hinunter liegt das jahrhundertealte Fachwerkhaus mit dem prägnanten Holzgiebel, aus dem Besitzer Andreas Lelke mit viel Leidenschaft und noch mehr Engagement ein wunderbares Gasthaus gemacht hat, das in seiner Art weit und breit unvergleichlich ist. Schon die ganze Anlage mit dem knuffigen Haus und der riesigen Wiese für die Gartenwirtschaft strahlt eine dermaßen anziehende Atmosphäre aus, dass man eigentlich gar nicht anders kann, also sofort hier einzukehren.

Traumhafte Lage am Fuße des Siebengebirges

Im sommerlichen Sonnenschein ist diese Wiese mit den großen alten Bäumen und den kreuz und quer gestellten Holztischen, durch die an den nicht so geschäftigen Wochentagen auch die beiden hübschen Kamerun-Schafe flanieren dürfen, eine traumhafte Idylle, die auf alle Gäste dieselbe Wirkung hat. Weinbergwanderer, ältere Herrschaften, junge Familien mit Kindern, Fahrradfahrer und Pärchen jeglicher Couleur erliegen sofort dem zauberhaften Reiz dieses Ortes, den man eigentlich am besten in gutem alten Hippie-Englisch mit »Good Vibrations« beschreiben kann.

Nur dass Andreas Lelke, auch Mitbesitzer eines Weingutes im Ort, statt kalifornischer Rauchzeichen eine erstklassige Weinkarte bietet, die von guten Schoppenweinen bis zu berühmten Lagen aus deutschen Regionen und südafrikanischen Rotweinen viele bemerkenswert preiswerte Flaschen auflistet. Vor allem die perfekt gelagerten und jahrelang gereiften Rieslinge sind regelrechte Schnäppchen.

Den Wein und das Essen holt man sich selbst ab, und es gehört zum Spiel der Selbstbedienung, dass alle sich amüsiert gegenseitig dabei beobachten, mit wie viel mehr oder weniger Geschick die Tabletts mit den Getränken und Tellern über die leicht hügelige Wiese balanciert werden, und sich anschließend alle am Tisch Gläser, Flaschen und Besteck zurechtkramen.

Die Abholnummern für das bestellte Essen werden vom Koch über ein altes Megafon ausgerufen und dann kann es losgehen.

Leckere Bratwürste und Nackensteaks vom Grill

Leckere Bratwürste oder saftige Nackensteaks vom Grill und dicke Bockwürstchen mit Brot oder Kartoffelsalat gehören ebenso zu den Dauerbrennern wie die immer knusprigen Flammkuchen. Dazu kommt das typische Angebot einer zünftigen Weinstube, alles immer einwandfrei und von mindestens ordentlicher Qualität in großen Portionen. Sülze mit knusprigen Bratkartoffeln, Winzerteller mit Leberwurst, Blutwurst, Schinken und Käse sind natürlich genau die richtige Grundlage für Riesling, Weißburgunder und Co. Die perfekt rosa gegarten Roastbeefscheiben und Schnittchen vom kalten Schweinebraten gehören schon eher in die feine Kategorie. Auch die Fischangebote lohnen sich sehr.

Ein Highlight ist der Matjessalat mit Äpfeln, Dill und Zwiebeln

Besonders der Matjessalat mit Äpfeln, Dill und Zwiebeln, in memoriam nach dem Rezept von Lelkes Oma Anneliese angerichtet, ist ein zusätzliches Highlight neben zart geräucherten ganzen Matjesfilets oder geräuchertem Lachs mit Sahnemeerrettich.

Das alles gibt es natürlich auch in der heimelig gemütlichen Stube mit gastfreundlichem Service, in der dann in den ungemütlicheren Jahreszeiten neben Strammer Max mit Spiegelei auf Leberkäse die hausgemachten Suppen wie Schweizer Käsesuppe, mit Kartoffelpüree gebundene Sauerkrautsuppe mit Speck sowie Gulaschsuppe mit viel Fleischeinlage auf die blanken Holztische kommen.

Sie sehen, dieser freundliche Hort mit von allen Beteiligten in Service und Küche gelebter Gastlichkeit ist unabhängig von Sommer und Winter immer eine gute Wahl. Das einzige Problem für den Besuch ist die im Voraus zu treffende Entscheidung: Wer kann hinterher noch fahren?

Umschlagvorderseite: Glashaus im Hyatt
Umschlagrückseite: Flogaus
Seite 1: Le Moissonnier, Seite 2/3: Sorgenfrei,
Seite 4: Joseph's, Seite 6/7: Basilicum, Seite 94/95: Hase

BILDNACHWEIS

Bernd-Michael Maurer: Seiten 1–7, 11–17,
19–23, 27–44, 48–67, 74–77, 81–95, 104–106.
Helmut Gote: Seiten 8–10, 18, 24–25, 46, 68–73,
78–80, 96–98, 108 u.–115, 118 u., 125–127.
Stefan Worring: Seiten 26, 45.
Volker Barthel: Seite 103.

Wir danken den Restaurants Burg Flamersheim,
Forsthaus Telegraph, Weinhaus Gut Sülz, Landhaus
Spatzenhof, Steinheuers und Velderhof für die
Bereitstellung ihrer Fotos für diese Publikation.

IMPRESSUM

Erste Auflage 2013
© 2013 DuMont Buchverlag, Köln
Alle Rechte vorbehalten

LEKTORAT Susanne Philippi
GESTALTUNG UND SATZ Birgit Haermeyer
REPRODUKTIONEN PPP, Köln
DRUCK UND BINDUNG Druckerei Uhl, Radolfzell

ISBN 978-3-8321-9732-2
Printed in Germany

www.dumont-buchverlag.de